我
思

敢於運用你的理智

崇文學術·邏輯

辨學

[英]耶方斯 著
王國維 譯

長江出版傳媒
崇文書局

圖書在版編目（CIP）數據

辨學 /（英）耶方斯著；王國維譯. -- 武漢：崇文書局，2024.5
（崇文學術·邏輯）
ISBN 978-7-5403-7632-1

Ⅰ. ①辨… Ⅱ. ①耶… ②王… Ⅲ. ①邏輯學 Ⅳ. ①B81

中國國家版本館CIP數據核字（2024）第073464號

辨 學
BIANXUE

出版人 韓 敏
出 品 崇文書局人文學術編輯部
策劃人 梅文輝（mwh902@163.com）
責任編輯 梅文輝
封面設計 甘淑媛
責任印製 李佳超
出版發行 長江出版傳媒 | 崇文書局
地 址 武漢市雄楚大街268號出版城C座11層
電 話 (027)87679712 郵 編 430070
印 刷 武漢中科興業印務有限公司
開 本 880mm×1230mm 1/32
印 張 9.625
字 數 135千
版 次 2024年5月第1版
印 次 2024年5月第1次印刷
定 價 68.00元
（讀者服務電話：027－87679738）

辯學

楊兆麟著

光緒戊申
冬十月印

辨學

第一篇 緒論
第一章 辨學之定義及其範圍
第二章 辨學上之三部分
第二篇 名辭
第三章 名辭及其種類
第四章 名辭之淆亂
第五章 名辭二種之意義——外延及內容
第六章 言語之成長
第七章 拉衣布尼志之知識論
第三篇 命題
第八章 命題之種類
第九章 命題之反對
第十章 命題之轉換及直接推理

第十一章　賓性語區分及定義
第十二章　巴斯喀爾及特嘉爾之方法論
第四篇　推理式
第十三章　思想之法則
第十四章　推理式之規則
第十五章　推理式之形式及圖形
第十六章　推理式不完全圖形之還元法
第十七章　不規則推理式及混合推理式
第十八章　限制推理式
第五篇　虛妄論
第十九章　辨學上之虛妄
第二十章　物質上之虛妄
第六篇　辨學上最近之見解
第二十一章　賓語之分量

第二十二章　簿爾之辨學系統
第七篇　方法論
第二十三章　方法論＝分析及綜合
第八篇　歸納法
第二十四章　完全歸納法及歸納推理式
第二十五章　幾何學上及數學上之歸納法＝類推及範例
第二十六章　觀察及實驗
第二十七章　歸納之方法
第二十八章　分量的歸納方法
第二十九章　經驗法及演繹法
第三十章　說明、傾向、假說、理論、事實、
第九篇　歸納法之附件
第三十一章　分類及抽象
第三十二章　學語之要件

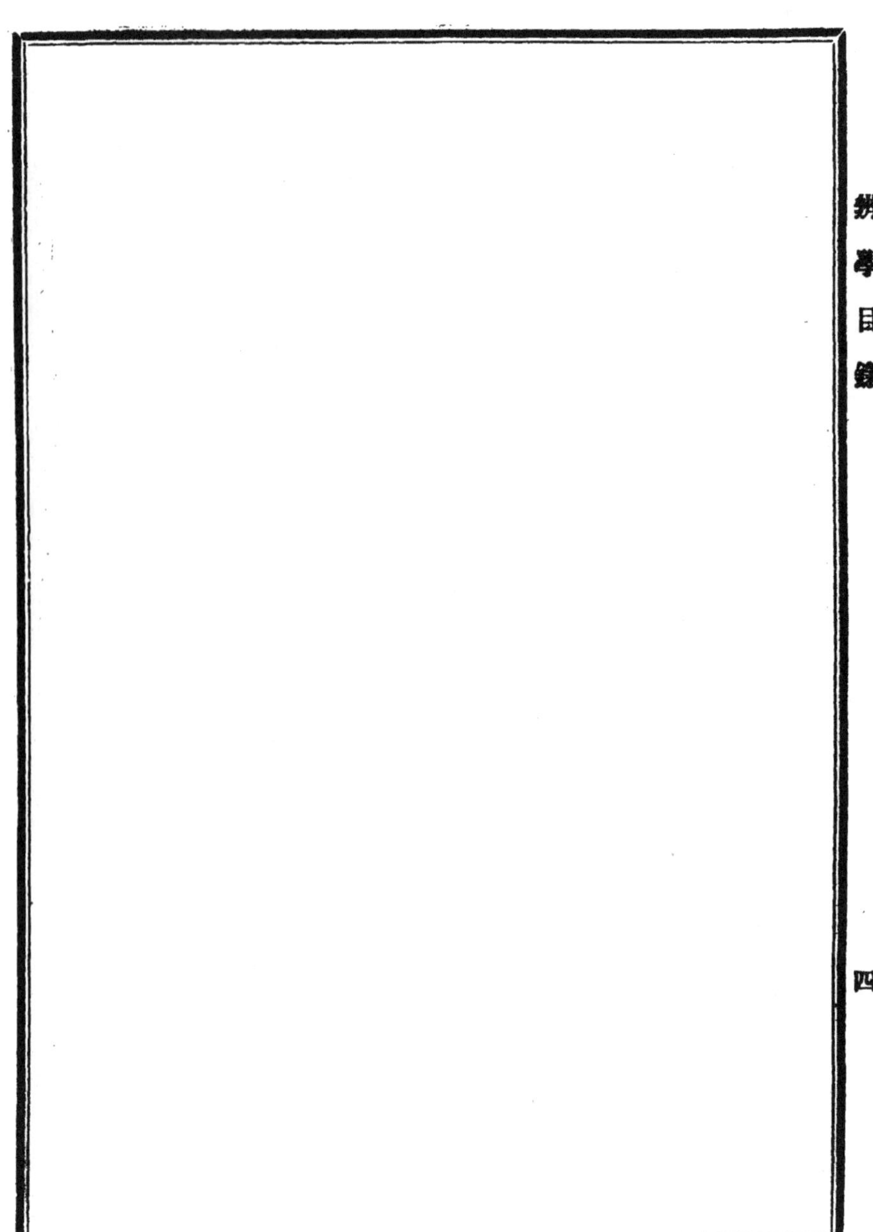

辨學

第一篇　緒論

第一章　辨學之定義及其範圍

辨學之定義。約而言之、則推理之科學也。然辨學家中大抵謂此學爲論思想之法則。又有謂爲論思想形式上之法則、以期其定義更臻於完密者。吾人於實用此等定義之先。不可不先明其意義。而知此等定義。其言語雖殊。其意義初無大異也。

思想之法則。謂人人思索中、限其不謬妄、或不自相矛盾。時有一種不變之定律是也。此種法則。乃一種之自然律。與人爲律大異。後者人之所造。而亦得以人力變更之。前者則不然。一切科學皆以發見其學之對象中所行之自然律爲旨。天文之學。乃研究一切天體互相關係之定律、卽此等天體所由以互相吸引、而運行於一定之位置者。故引力之法則。乃天文學中所得之自然律也。

在化學中、亦有同一比例之法則在。此法則謂各化學原質之與他原質結合也。有一定之比例。卽如養氣與輕氣之化合而爲水也。常爲養氣八與輕氣一之比例。或如熒燒時養氣與炭結合而成炭養也。常爲養十六炭六之比例。此永遠不變者也。故吾人苟發見有永遠不變之處。卽已創一科學、而得一自然律矣。然天下事物。亦有至變幻、至複雜、而決不能發見其所循之法則者。對此等事物。決不能有眞科學。故吾人不能有人類品性之科學。以人類之精神、至變幻、至複雜、而不易研究故也。一人之動作。無在在與他人合者。故吾人不能分人爲若干類而謂同類之人。於各境遇中、其動作全相似也。然不問人類精神他動作之不同。吾人於此有人類思想之科學。卽於此有一定之形式焉。一切人類。常如是思索。且必如是思索。如二物皆與第三物相等。則此二物亦互相等。此乃最簡明之一思想律。而(一)、一切人類、皆由此律思索。苟解此律之意義。未有不承認其如是者。(二)、無論所思索之對象如何。未有不如是思索者也。

今若吾人所攷察之事物如左。

一倫敦

二英京

三英國人口最庶之城市

以英京同於倫敦。而倫敦又同於英國人口最庶之城市。無論何人。無不承認英京爲

英國人口最庶之城市也

更比較下文之三事物

一鐵

二最有用之金類

三最廉之金類

如吾人承認最有用之金類爲鐵。及鐵爲最廉之金類。則未有不承認最有用之金類、卽最廉之金類者也吾人於是就上文之眞理、卽「許多事物之同於某事物者此等事物皆互相等」之眞理。而得二例。又得視此眞理、爲思索之普偏且必然之形式也。

更就下文之三事物比較之。

一地球

二行星

三旋轉于橢圓軌道之物體

此際吾人不能效上文之例。而謂地球等於行星。以地球等於行星之一。故吾人但謂地球爲一行星而已。行星亦然。乃旋轉於橢圓軌道之物體之一部、而非其全體。然苟認地球爲行星之一。而行星又爲旋轉于橢圓軌道之物體之一。則地球之爲一旋轉於橢圓軌道之物體。自不能不承認也。稍知化學者亦能就下文之三項而斷言之。

一鐵

二金類

三原質

鐵之爲金類。金類之爲原質。皆爲其中之一部分、而不蔽其全體。然吾人必謂鐵爲原質之一。於是吾人就思想之必然形式。而得二種之例。此不問所思索之物之如何皆得應用之。此立論之形式。於推理式章得以種種之道表之。如云「部分之部分、亦全體之部分」是也。卽以鐵乃金類之一部分。金類又爲原質之一部分。故鐵亦爲原質之一部分也。

如吾人更述辨學之他定義。而謂辨學者、思想之必然形式之科學。則思想之必然形式之意義。吾人深望讀者之了解也。夫形式者。乃不變之物而對屢變之材質言之。一模中所鑄之器。皆有同一之形式。然其材質則用金銀銅鐵皆可。同形之宮室。以石或以磚築之。均無不可。同形之器具。無論何木。均可斲之。吾人苟知實物上形式與材質

之區別則亦可知辨學上形式與材質之區別矣於是吾人得示前二例所屬之推理之形式如左

如括弧內之天地人以三事物代之而謂天屬於地、地屬於人則自不得不認天之屬於人也

故辨學者可謂之思想之普徧形式之科學而此等形式吾人推理之確實時所不能不由者也此等形式其數雖多然其所據之原理則寡故吾人得謂辨學者一切科學中之最普徧者也吾人之待辨學之助較待他科學之助爲多以一切特別科學但研究事物之一部分以搆成知識之一分支而辨學則研究一切知識中所應用之思想之原理及形式故也雖辨學之法則之應用於一科學者或異於他科學然不問此特別法則如何必不可不爲辨學上之法則即不可不合於思想之法則也要之世有一切科學所公共之基礎苟科學而自命有確實性也必不可不合於此點而辨學之事

業實在說明此一切科學之公共基礎者也。

有謂辨學爲科學之科學者。實善於示此學之包括力者也。特別科學家。似自知其所負於最高科學者不少。吾人試觀此等科學之名。可知之矣。一切科學之名中。無不以辨學之名搆其一部分者。即一切科學。殆皆稱爲奧羅奇斯 Ologies 此不外羅奇克 Logic（辨學）之義。而O之一字母。不過爲聯絡之母音。或前語之一部分而已。如是。故地質學 Geology 不過應用辨學以說明地殼之構造。生學 Biology 不過應用辨學以說明生活之現象。心理學 Psychology 不過應用於精神現象之辨學。此外如生理學 Physiology 昆蟲學 Entomology 動物學 Zoology 等亦無不然。故由其所自稱道者觀之。則各科學無非特別之辨學也。至辨學之語。其自身則自希臘通用語之Logos 出。此通指言語之。即謂內界思想之外界記號也。然此語至後日亦表言語所表之內界思想。故希臘末年之著述家。謂辨學爲 Episteme logike（思想之學）或謂之 Texne logike（思想之術）。此際之形容詞 Logike。未幾即獨用而爲辨學之名。恰如 Mathematic（數學） Rhetoric（雄辨術）及他名之以 ic 終者。皆由形容詞而變爲名詞焉。

辨學果學歟。抑術歟。抑同時兼學與術二者之性質歟。此問題雖不甚要。然論之者頗多。赫米爾敎至就古代辨學家對此問題之意見如何、而區分之。要而言之。則辨學苟但研究思想之原理及形式。而示吾人以正確之思想之所由成立。則爲一學。併立規則。而使吾人得發見虛僞之推理。則又一術也。蓋學敎我以知。而術敎我以行。而一切完全之科學。必導之於相當之術。如天文學之爲航海術治歷術之基礎。生理學之爲醫術之基礎。化學之爲許多技術之基礎是也。辨學亦然。得爲矯正思想之術之基礎。十三世紀英國有名之辨學家唐斯司哥德。不但謂辨學爲科學之科學。幷謂之技術之技術。蓋以此也。他辨學家有謂辨學爲使推理正確之術。以敎訓自己及他人者。滑玆博士卽從此見解、而名其所著辨學書曰思想之術。

吾人得謂辨學之性質、近於學者多、而近於術者少。以一切吾人、其得推理之能力及習慣。實遠在聞辨學之名以前。故也。此能力習慣。吾人自精神之自然練習、或自模倣他人得之。故遇簡易之事物。吾人之推論。自暗合辨學之法則。然遇艱困複雜之事物。其推論自不能無誤。此辨學之所以有技術之價値。而其研究非無益也。蓋辨學不徒說明推理確實時之原理。幷示其虛妄時之危險。由是吾人得趨眞而避妄。故謂吾人無辨學之助而能推理。無異於謂無醫藥之助而能康健也。人苟無病。固無藉乎醫藥。

人之推理苟無不正。則亦無藉乎辨學。然能如此者果有幾人乎。人之自要求其精神之無誤者。與自要求其身體之不死無異也。

吾人證明辨學之爲術矣。然則亦得證明其有學之價値乎。曰有、凡科學藝術文學中之偉大事業。皆知力之所爲也。人於身體之方面。實無異於動物。又就此方面言之。彼不過物質而已。惟以其有知力。故且能以概念推論。故遂卓然出於萬物之上。而此知力之性質及動作。豈非最高及最有興味之研究物乎。辨學之研究。正在乎是。赫米爾敦曰。世界中無大於人。而人中無大於知力者。此眞理殆無人能反對之者也。

第二章　辨學上之三部分

上章既說明辨學之爲推理之科學、或思想之必然法則之科學。故論證或推理。乃辨學固有之對象也。但研究辨學時。最便利最普通之方法。莫如先考構成一論證之各部分。工程師必先知房屋之各材料。機器師必先知機器之各材料。然後能知此種材料所構成之全體。故論證時所用之器械及材料。不可不先論證之形式而考之也。

吾人如攷察上章所述之議論。即

鐵金類也

各金類皆原質也

故鐵一原質也

吾人於此中發見三斷語。而各斷語中各含名詞（或事物之名）二、與動詞一。（從西文之例則鐵金類也一語必云鐵是金類此是字即動詞所萬不可缺者也我國語中雖略去是字然也字之中仍含是字之意故也字雖助詞亦得視為動詞焉）略言之則二名辭以一動詞結合之則成一斷語（或一命題）而此等命題三合而成一論證。此際名之曰推理式。故吾人先論名辭、次及名辭所構成之命題、更進而及於推理式。此最自然最便利之方法也。此三者是為辨學之三部分。

雖吾人得謂辨學之三部分、乃論名辭命題及推理式者。然吾人亦得謂此等言語形式所示之精神動作。乃辨學之眞對象。且後說所含之眞理。亦與前說相等。或更確也。就此點言之。諸辨學家之見解。各不相同。徽德來以辨學為關於言語之學。赫米爾敦及曼珊爾以為關於語言所表之精神動作。穆勒約翰則更進而謂此學實關於吾人所議論之事物。然則辨學之對象。究何物乎。言語乎。思想乎。抑事物乎。要而言之。則辨學實於某範圍內、兼此三者而研究之。何則。吾人推理之動作。苟無言語。決不能說明之、或傳達之於他人。實際上所用之推理。實限於以言語表之者、故辨學之研究。常關於言語。但限於表思想之言語耳。文法學家亦研究言語。然彼但以言語視言語。而研究其形式變化及關係。若辨學之研究言語。則視爲精神動作之索引也。且吾人之思索而苟確實。則必如其所思索之事物。而思之。卽內面精神之狀態、與外面事物之狀態。二者必相密合。如旣知鐵爲一金類、而各金類又爲一原質。而欲證明鐵之非原質。實際與思想上、皆所不許也。吾人不能謂人類思想中之事物。必異於實際之事物。故吾人於確實之思想中所視爲同或異者。亦必信其實際如是。故上所述之第三見解。實非不可與第一第二見解相調和。而辨學中之研究事物。限於其爲思想之對象者。亦如其研究言語、限於其包含思想者也。人苟記憶此說明。則讀種種辨學書時。自不至以其用語之不同。而陷於迷惑也。

就言語之方面言之。辨學中旣有名辭命題推理式三部。故於思想之方面。亦必有相當之部分。

一簡單了解

二判斷

三推理

所謂簡單了解者。乃吾人知有某事物之精神動作。或以此事物之印象觀念概念、呈於精神者也。簡單者。謂與他事物相離立了解者。謂以精神領取之也。如鐵之名辭。遽使吾人思一種之金類。但不告吾人以此物之如何。或以此物與他物相比較耳。太陽木星狠星聖保羅院等語。亦名辭之於精神中喚起某熟知之事物者。而預想此等事物不現於感官。必存於記憶。就事實言之。則名辭之用。乃一種之記號、所以表實際的事物者也。

判斷者。乃一種特別之精神動作。而比較所了解之二事物觀念或概念。而由之以斷其同或異者也。蓋吾人苟不同時意識二事物、或精神中同時有二事物之概念。則比較與判斷之事。必不能行。如吾人欲比較木星與狠星。必先分別了解此二者。而於最初之比較中、吾人不過知此二者皆小而且明之物體。又若以同一之速率昇降於天際耳。然若精密攷之。則狠星之光間歇、而木星之光均一也。又木星與狠星決非以同一之速率運動。但前者夜夜變其位置。而後者不然。更比較同時所見之他天體。則發見一大部之星、與狠星同。即發間歇之光。而其互相對也、常在同一之位置。又一部之星、與木星同。即發均一之光。而夜夜於恒星之中、變其位置者也、於是吾人得由判斷之作用。而得恒星與行星之二概念。又比較此二概念。而知此二者中無相同之性質與形狀。而又以一命題表之曰行星非恒星也。

吾人於此際羼入概念之語。若視此語爲讀者所已知者。夫哲學家之用此語。已二千年。然彼等視此語之意義。則各不同。主持唯名論者、則以概念不外一名。卽吾人綜括水土金木諸星、而謂之曰行星。此公共之名。不過爲吾人精神中聯絡諸行星之具而已。實在論者則謂各特別之行星外、眞有物焉、具各行星公共之性質而但無大小運動之差。然在今日、無論何人、不能信實際上有與概念相當之物。苟有此物。亦不現於此處、必現於彼處。其大小不如此、則必如彼。故仍爲特別之行星。而非普徧之行星也。然唯名論者之說。亦非無誤。何則言語之爲用。必示某物。又必與精神之動作相當。如固有之名、於吾人心中喚起箇物之象。則普徧之名。亦宜喚起概念也。

見解之得其中正者。其唯概念論者乎。彼等謂概念乃吾人精神中一種之知識。關於此念所含事物之公性者。如行星之概念。乃人心中所有一種之知識。而知有某種之天體、發均一之光、而其運動於天際、與恒星異焉者也。世之號稱唯名論者、如赫米爾敎等。亦謂普徧之名、件以所表事物之公性之意識。此種唯名論與概念論之閒。實不能立精密之區別而此書中所不暇細論者也。

由此書所論、可知辨學全體及各科學之全體。皆在排列箇箇之物於概念中。而與之以普偏之名。然後吾人對此等事物之知識。得簡一而賅括也。各概念之搆造合法者。實示普偏之法則或眞理。如吾人就行星之概念、得斷彼等皆於橢圓之軌道中、自西徂東環日而運動、又以日之反射光照耀、且……者也。就恒星之概念。得斷彼等皆自發光燄、而較遠於行星者也。推理之全體。實自此判斷能力出。以此能力得使吾人發見許多事物中有同一之性質。如是而吾人所知之於某部者。得推論之於他部故也。

於應用此種知識時。吾人卽用精神之第三動作。所謂推理者是也。由此動作、吾人得離實際之事物。而由舊判斷以搆成新判斷。如吾人知鐵屬於金類之概念下、而此概念又屬於原質之概念下。則不必更攷察鐵之爲物、而能斷定鐵爲化學上之原質。又如吾人既自一方面知海王星之爲行星、又自他方面知行星運行於橢圓之軌道。吾人得給合二種之知識於精神中、而抽出一眞理。卽謂海王星運行於橢圓之軌道中是也。

吾人於是得下推理之定義。曰推理者、精神之自一所與之命題、或一以上所與之命題、而達於異於所與之命題之他命題者也。此際所與之命題。謂之曰前提。而其所達之命題。謂之曰結論。以結論實自前提出。而前提之名。則以其置於推理式之前半故也。推理之精髓、在結合前提中所含之眞理、而表之於結論。而其事業不外抽出前提中之知識也。

吾人既示辨學之三部分、卽名辭、命題、推理式之大略。後章卽宜分別詳論之。然普通辨學。往往加入第四部分。謂之方法。此關於長議論之各部分之排列法者也。有謂方法之對推理式之關係。恰如推理式之對命題、命題之對名辭。故必有第四部分。而後辨學始完全。此說亦稍近理。然第四部分之重要及明晰。遠不如前三部。故但於第二十三章論之。

第二篇　名辭

第三章　名辭及其種類

上章既論各判斷乃示二事物或二概念之同若異者。故以言語述一判斷時。必有示所比較之事物之言語。及示比較之結果之言語。而言語之示所比較之事物、或事物之一羣者名之曰名辭。其示比較之結果者名之曰連辭。故完全判斷之表出也。必自二名辭與一連辭成立。是之謂命題。如「字典有用之書也」之一命題中其連辭爲「也。」此示字典與有用之書、有相合之處、而事實上字典實爲有用書之一部也。此際之二名辭「字典」及「有用之書。」自二字或四字成立。然名辭之字數。實非有定者也。如云「二角之在二等邊三角形之底者互相等也。」此命題中之第一名辭。自十三字成立、而第二名辭自三字成立。故名辭中之字固非有定數也。

其所以謂之名辭者。以其在命題之一端故。名辭英語之Term出於拉丁語之Terminus界限之義也精密言之。唯以其立於命題中、始得謂之名辭也。然普通所謂名辭。不過謂一實名詞、或形容詞、或結合數詞而示一思想之對象者。此對象或爲個物、或爲事物之一羣、或爲事物之性質、或爲性質之一羣。俟於下文論之。

霍布士之下名辭之定義也。最爲完善。曰「名辭者吾人任意所用之記號。而於吾人心中、喚起前所有之某思想、而言之於他人時、亦於其人之心中、喚起言者之思想者也。」

雖一切名辭。皆自言語成立。然一切言語。不必皆爲名辭。如前置詞助動詞及他詞等。

除「於、前置詞也」「不、助、動詞也」之命題外、不能成一名辭。故言語之部分中。除實名詞及言語之一羣作實名詞用者外。決不能爲一命題之主語。(或第一名辭)又除實名詞形容詞動詞外。亦決不能爲一命題之賓語(或第二名辭)也。且形容詞之能爲一名辭否。尚有疑之者。如「字典有用也」之命題。亦有謂其非完全之句、而非云「字典有用之書也」不可者。吾人且不問此爭論之點。而分名辭爲二種如下。

言語之得獨立而爲一完全之名詞者。如實名詞、形容詞、及動詞之一部等。謂之自用語。

言語之他部分。如前置詞、助動詞、接續詞等、僅能搆成名辭之某部分者。謂之帶用語。

帶用語之除爲名辭之部分外。不必深研究之也。

吾人今且攷名辭之種類及性質。以明其意義。第一爲單純名辭與普徧名辭之區別。此區別最顯、亦最要者也。單純名辭但表一箇人或箇物。如大西洋聖保羅院狄斯丕爾等是也。一切固有名詞。皆屬此類。何則約翰托麥斯等雖有同此名者。然吾人用此名時。不指一切名約翰托麥斯者。而但指其中之一人。故如倫敦之名。吾人用以示英國都城時。決不與加那大之倫敦相聯絡也。

普偏名辭則不然。得應用於一切事物之皆有某性質者。如金類乃一普偏名辭。而得應用於金銀銅錫鉛等。凡吾人所知五十種之物質、有金類之光、而不能分析者。皆得以此名名之。而其爲一物之名也。無以愈於他物。且此類中物質之數。非有限制。新金類之爲前所未知者。亦時時發見。而得置諸此名辭之下。又如金星、木星、土星、以其但表一箇物。故故爲單純名辭。然行星則爲普偏名辭。以天體之環日運動如地球者。無論已發見或未發見。皆得以此名加之故也。

至普偏名辭之與集合名辭之區別。亦不可不知也。所謂集合名辭者。謂一羣之事物、集合而成一全體。而以一名辭表之。如云一聯隊之兵、一法庭之官、一船之乘客等。故集合名辭。乃全體之名。而非其中之各部分之名也。普偏名辭則不然。雖亦一羣之事物之總名。然其中各事物皆得分有之。故自學語上言之。謂之分配名辭亦可也。兵士水手裁判官、乃普偏名辭。凡約翰托麥斯……等皆得用之。然吾人不能謂約翰爲一聯隊、托麥斯爲一法庭。則甚了了也。此區別既說明之後。甚爲明顯。然亦有時不易區別、而生一種虛妄之推理者。如下文第十九章所論者是也。且欲就名辭而一二指何者爲普偏、何者爲集合、固所不能。何則、以許多名辭。由其用之之如何。而或爲普偏、或爲集合故也。如圖書館一語。由其所藏之書籍之方面言之。則爲集合名辭。然用以表一切公私圖書館時。則又一普徧名辭也。聯隊一語。吾人攷其構成之之兵士時。則爲集合名辭。然攷一軍團中種種之聯隊時。則又普徧名辭也。軍團亦然。年之一語。對其所含之月日時言之。則爲集合名辭。至用於耶敎紀元一千八百年一千九百年時。則普徧也。

至名辭次要之區別。則具體名辭與抽象名辭是已。穆勒有言。具體名辭、乃事物之名。抽象名辭、則事物之性質狀態之名。其解蓋無以易矣。如言白馬。則實際存在之事物之名。故具體的也。單言白。則馬之一性質之名。故抽象的也。抽象者。乃自一事物抽出其一性質之意。白之性質。得離白馬或他白物之他性質而思之。顧吾人雖能思一性質之自身。然此性質於實際上決不能離事物而獨立。故白之一語。或指心中之一概念。或指白物之喚起此概念者也。

形容詞之爲具體而非抽象。讀者不可不知也。如云「此書有用」時。則吾人以有用之形容詞。應用於此書。故具體也。而「有用」之名詞。則爲抽象名辭。而示一性質。此區別至第五章當更論之。

就一具體名辭而發見其相當之抽象名辭此亦練習精神之一法也。如具體名辭 Animal 之有 Animality 以爲其抽象名辭。Miser 之有 Miserliness、Old 之有 Old Age 等是也。（按西文中同一名辭其爲具體名辭時與爲抽象名辭時其語尾不同我國文中無此區別故此章所論者半不能應用於我國也）但各具體名辭。不必悉有抽象名辭以與之相當。英文中具體名辭桌與墨。皆有相當之抽象名辭。然筆則無之。但其有與無。實由言語史上之偶然。而由時代與科學之進步、抽象名辭、亦時時有增加之勢也。

顧具體名辭與抽象名辭。亦時相混雜、而不易別其意義。如 Relation（關係）本兩人或兩物相對待之抽象名辭。而此等人物。則謂之 Relative（關係者）然在今日吾人每謂此等人物爲 Relation。而當欲表抽象的關係時。則又造一新抽象名辭 Relationship 以表之。又抽象名辭 Nation（國民）在今日久作具體之用。而更造 Nationality 之新抽象名辭。以示一切有國民之資格者。他如 Action, Intention, Extention, Conception, 及許多抽象名辭。今日皆視爲相當之具體名辭。而若與 Act, Intent, Extent, Concept, 等無異。Production 本示人製造一物時之狀態。今則與所造之物相混。通常所謂一國之 Production 者。實一國之產物之意也。卽辨學上之學語。如 Proposition,

Deduction Induction Sylogism 皆本爲抽象名辭。今則視爲具體名辭而用之。如云 Aproposition Adeduction Anindnction Asylo-gism 等是可知混用抽象名辭與具體名辭。辨學家亦且與尋常人無異。此等亂用實有害於言語之分別者也。

顧名辭中尙有他區別。卽積極名辭與消極名辭之區別是也。積極名辭示一性質之存在。如「金類的」「有機的」是其相當之消極名辭則示此性質之不在。如「非金類的」「無機的」是也。消極名辭或爲形容詞。如上所述或爲抽象名辭或爲具體名辭。凡加消極的冠字如無不非等者。吾人恒視爲消極名辭。然亦有無消極的形式而有消極的性質者。如「暗」之一語。乃光或光明之消極語。以示光之不在。故化合物之語。乃原質之消極語。以吾人以化合物之名、加諸可分析者。而以原質之名、加諸不可分析者故也。就理論上言之。則一切名辭。必有相當之消極名辭。然言語上則未必能供給此名辭也。吾人得謂一人曰「蠹魚」。然無消極名辭以表「非蠹魚」以此等言語。吾人不感其需要故也。然新消極名辭之發明。往往過於所需要者。以吾人遇不常喚起之觀念時。寧取慣用之積極名辭。而加以消極的冠字。不必新造一語。以增字典之字數也。

顧消極名辭之一部。亦有示某性質某事實之存在者。如「不便」一語固爲便利不存在之意。然亦示勞苦之存在。「不幸」一語。明明爲消極名辭。然亦得代積極名辭「禍患」之用。康健之消極名辭。是爲「不康健」。然亦得用積極名辭「疾病」以表之。故吾人之以積極名辭、或以消極名辭表一特別之觀念。似全屬偶然之事也。吾人所能斷言者。則各積極名辭。皆能有相當之消極名辭。而一切事物之不能應用此積極名辭者。皆得以此名加之。至今日言語上既有此名辭否。則不必問。而於辨學上可預想其存在者也。

至名辭之有消極之形式者。不必即有消極之性質。此又讀者所當注意也。如「無價」一語。非價值之不存在之謂。而寧價值過高、不能測度之謂。「無量」一語亦然。非謂量之不存在。而寧謂量之過大也。「無恥之行」亦與積極名辭「可恥之行」無異。言語中之類於此者。吾人不難更發見之也。

吾人所尤不可不分別者。則表性質之存否之名辭。與表性質之程度之名辭是也。「小」非「大」之消極名辭。以尙有第三名辭「中」在。而「大」之消極名辭。實爲「不大」以此語實括「中」「小」二者言之也。由是言之。「可惡」亦非「可好」

之消極名辭。以物尙有非可惡亦非可好而與吾人無關係者故也。吾人亦不能遽謂不忠實之行爲欺詐。以忠實與欺詐間。尙有居間之性質。故要而言之。則當討論性質之程度之問題時。則能有中項。在至討論性質之存在之問題時。則不能有中項。以此從思想之一大法則（見第十三章）出。不可强也。於程度之方面。吾人謂其兩極之名辭曰反對。如「小」乃「大」之反對。「可惡」乃「可愛」之反對。是於存否之方面。則吾人謂之曰消極、或曰矛盾。而自辨學上之視點觀之。則一雙矛盾之名辭中。何者爲積極、何者爲消極。吾人得隨意命之。以各名辭無非他名辭之消極名辭故也。（吾人得謂不大爲大之消極名辭亦得謂大爲不大之消極名辭）

辨學家於消極名辭外。有另立一類曰剝奪名辭者。如「盲人」「死者」等是也。此種名辭。示一物失其所固有之性質、或所能有之性質、或所常有之性質者。人有生而盲者。故彼未嘗能視。然實有能視之機關。至一樹一石。則決無有能視之日也。礦物不能謂之死。以其未嘗有生。且不能有生也。故剝奪名辭。吾人用之於物之失其所能有之性質者。而消極名辭。則用之於本無此性質者也。此區別之能立與否。尙未可知。要之非緊要之區別耳。

此外又有絕對名辭與相對名辭之區別。所謂絕對者。謂與他事物一無關係之意也。相對之事物。其呈有思想中也。常與他事物相聯絡。故相對名辭。實示一物之不能離他物而思之。或示此物之爲全體之一部分也。如吾人不能離其子而思一父。離其臣民而思一君。離牛羊而思一牧人。故君父牧人。皆爲相對名辭。而臣子牛羊。則其互相對之語也。就事實言之。則父不過謂人之有子者、君不過謂人之有臣民者、牧人不過謂有牛羊者而已。名辭之表面上不與他事物相關係者。如水氣木石等。是吾人思水時、不必有他觀物件之。樹石亦然。此通常所視爲絕對名辭者也。

然一切事物。無不與他事物相對者。水之與其搆成之之原質、樹之與其生之之土壤、石之與其產之之山岳皆是也。且從思想之法則。吾人所以能思一物、或一羣之物者。不外使此物別於他物而思之。吾人非區別事物爲「合死者」與「不死者」二種外。不能用合死者之名辭。金類原質有機物及他名辭亦然。吾人用此名辭時。亦示非金類化合物無機物等之存在。故自此點觀之。則一切名辭。皆相對的也。然辨學家所謂相對名辭。則但謂一事物之於空間時間及因果上、與他事物無特別且明晰之關係者。吾人之立此區別。不外如此而已。

吾人既說明名辭中緊要之種類。讀者苟能就各名辭而一攷其種類。尤吾人所深望也。即當就名辭而攷。

(一)此名辭、果爲獨用語乎、抑帶用語乎。

(二)爲普偏名辭乎、抑單純名辭乎。

(三)爲集合名辭乎、抑分配名辭乎。

(四)爲具體名辭乎、抑抽象名辭乎。

(五)爲積極名辭乎、抑消極名辭、或剝奪名辭乎。

(六)爲相對名辭乎、抑絕對名辭乎。

從下章所示。則許多名辭有不止一義者。故雖同一名辭。有就其一義言之。則爲普偏名辭。就其他義言之。則又爲單純名辭者。故讀者當先選其一確定之義而攷之。而不可闌入他義也。

第四章　名辭之淆亂

辨學中最有用之部分無過於論名辭之淆亂者。此即論言語之意義之變化之部分也。夫欲正其思索。固不可不知名辭之性質。而名辭之中、其有明晰及純一之意義者。

蓋不多見。而當許多意義、混於一言語中時。欲不陷於言語上之謬論難矣。試舉例以明之。人亦有言。「刑罰惡事也」。而從道德之原理。則「雖出自善意。必不可爲惡事」。吾人此際如何而能避「不可施刑罰」之結論乎。進而攷之。則「惡事」一語。此際用爲絕不相同之二義。前者謂身體上之惡。卽苦痛。後者謂道德上之惡也。謂吾人不可爲道德上之惡。不必遽謂吾人不可加身體上之惡。以身體上之惡。往往能防道德上之惡故也。

更舉他種之謬論以明之。其形式如下。曰「仁者不能不濟人。然人之行爲、出於不能不爲者。無功績之可言。故仁者之行爲。無功績也。」此結論之謬誤。人人能知之。然其謬論之原因。唯存於「不能不」一語。有二種之意義。於第一命題。吾人實自人之品性上、而度其不能不然。於第二命題。則謂外界之勢力、使之不能不然。人愈知普通言語之意義之變化。當愈知吾人所用以交通及議論之器具之危險。故吾人不能不就此章之內容詳論之也。

名辭之唯有一確定之意義者。謂之單義名辭。其有二義以上者。謂之多義名辭、或淆亂名詞。名辭之所以稱爲不淆亂者。由其以同一之意義、應用於許多之事物故也。如

Cathedral 寺之意 者。乃聖保羅、約克、明斯他等之公名。而此等諸寺。不過同一之意義之例也。Church 一語則不然。乃多義名辭。以有時指禮拜之地。(敎堂)有時指一敎派之全體。有時指僧侶之全體。以與俗人相區別。故視其用時之不同。而其意義乃大異也。單義名辭之例。主於學語或術語中發見之。如蒸氣機械、鐵道列車、及種種之他術語。皆示一定之事物。而有一定之意義。普通生活中之語。如麪包牛油等亦然。就化學上之學語言之。如養氣輕氣及若干之名。皆近代所創造。而其意義一定而不變。要之一切科學。無不有若干精密確實之語。此皆單義名辭也。一人一物一事之名。亦往往有明確者。如該撒、拿破侖第一、聖彼得寺、千八百五十一年之大博覽會等是也。

顧吾人雖能舉若干之單義名辭。然多義名辭則尤普通者也。許多慣用之名辭及形容詞。皆屬此種。亦謂之淆亂名辭。以淆亂 Ambiguity 之語。出於拉丁動詞 Ambigo 即驚駭躊躇疑惑之意也。亦謂之混沌之語。Homonymous 此出於希臘語 Omos 同一之意 及 Onoma 名之意 者也。在普通生活中。唯對故用多義之語。以淆惑眞僞者。始謂之淆亂。而在辨學上。則不問其故意與否。凡用多義之語。而陷於謬誤者。皆謂之淆亂之謬誤。或多義之謬論。見第十章二也。

今當據瓦德博士之辨學。而論言語之淆亂之種類、及其原因。據瓦氏之說。則吾人得先分淆亂名辭爲三種。

(一)字音之淆亂

(二)字形之淆亂

(三)字音及字形之淆亂

前二者比之後者。不甚重要。而亦不常陷於大謬。如吾人談話時。則 Right 權利 Wright 書寫 Rite 禮儀 三語。Rein 韁轡 Rain 雨 Reign 主權 三語。Might 力 Mite 小事 二語。均無分別也。又有因發音之缺點而 Air 空氣 Hair 髮 Hare 野兔 Heir 承繼者 四語。亦不能分別者。在我中國如同銅桐筒童僮瞳等皆是

至字形淆亂而字音則否者。如 Tear 淚 之於 Tear' 裂縫 Lead 鉛 之於 Lead 指導 是也。我中國語中如騎射之射之於僕射之射、間居之居之於誰居之居是也。此等淆亂。皆不過一時之誤解。故吾人當進而論第三種、即字音與字形二者之淆亂。吾人得由其淆亂之所自由生、而分之爲三種。

(一)由相異之言語之偶同

(二)意義之由聯想而變遷者

(三)意義之由類推而變遷者

(一)第一類淆亂生於異語之之混同。此等或自相異之國語出。或自同一國語之相異之語源出。而經若干年月後。遂有同一之字音與字形者也。如 Mean 一語有時作中間之事物解。此出於法語之 Moyon 及拉丁語之 Medius。而又與英語之 Mid 或 Middle 相關係。有時作卑劣解。此出於安額祿薩克孫語之 Gemaene，卽庸俗之意也。To-mean 之動詞則不易與形容詞 Mean 相混。而又出於第三語源。殆與梵語之思索之動詞相關係者也。

更舉他例以示之、如 Rent 一語或作償金用。此自法語 Rente 出。或作裂縫解、卽示撕裂之結果者。此又出於安額祿薩克孫語。而安額祿薩克孫語中、其以 W 或 Wr 始者。多摸倣此語所表之動作所發之音。Rent 之語亦其一例也。出於拉丁語 Pondus 重量之 Pound 與出於薩克孫語之 Tyn lan(閉入)之 Pound 形聲絕無所異。又如 Fell(小山)之與 Fell(獸皮)，Pulse(脈搏)之與 Pulse(豆類)，皆同出於希臘及拉丁語。然其語源則全相異。又 Gin 一語。其作係蹄或機械解也。乃 Engine(機械)之畧語。然其作酒精解時則爲 Geneva 之變形。而此地實爲初製酒精之地也。

此種淆亂之重要者。往往得於文法中見之。如數目字之 One 則出於阿利安語源。而經過拉丁語之 Unus 而成此語。而不定代名詞之 One。則法語 Homme (人) 之變形。而日耳曼語中、則在今日猶用人字者也。

(二)然多義名辭中之最多者。則爲第二類。卽一語本示一固有之事物。而有固有之意義。然以他事物常與此事物相聯想。故遂以此意義應用於他事物。而卽以此語表之是也。如議會之言語中。Honse (議院) 一語。或示議員集會之地。或示議員全體之一時集於此院者。Chnrch 一語。亦本謂禮拜之地。由此而生種種之意義。或謂人之常禮拜於此寺院者。或謂人之持同一之教義。而屬於一教會(如希臘教會羅馬加特力教會等)者。或兼僧人與俗人言之。或但指僧人言之。此等意義。其去本來之意義、固全相異也。Foot 一語。其意義亦經過種種之變遷。其初本謂人與動物之足。但足之長短。人每用以測長短。於是變爲度之定名。且以足常在物體之底。故有 Foot of mountain (山脚) Foot of table (桌脚) 之語。推而廣之。吾人所根據之計畫理論等。亦謂之足。又以之表步兵及詩之一行等。此等相異之意義。皆與其固有之意義相關係。現希臘拉丁文中足之相當語、亦有此淆亂。足以證之也。

Fellow 一語。又有許多變化及矛盾之意義。此語本謂人之互相從者。即件侶之意義也。由是對偶中之一。亦得謂之 Fellow。如云「一履爲他履之件侶」是也。或但爲相等之意。如云「狹斯丕亞無件侶」。即謂無與之相等者也。又由件侶之意義而用以泛指一人。如「何等件侶」、（意謂此何等人）是也。但尤可異者。則此語兼有輕蔑與親愛之意。如一人而但謂之曰件侶。而出之以特別之音調。則大含輕蔑之意。如改其音調、而又加以一二字。如「好件侶」「可愛之件侶」等。則又爲最親愛之稱。此外又有學術語上一定之意義。則如校友會友是也。

言語之出於一語源而有許多意義者。Post 一語。亦其一例也。此語本謂物之堅立於地者。如木石之標是也。如 Lamp-post（燈臺）Gate-post（門臺）Sight-post（號標）等語。猶仍此意。但此物常用以記地之定點。如 Mile-post（里標）。故更變而指此物所置之一定之地。如云 Military-post（兵地）Post of danger（危地）等是也。故於羅馬帝國時代、凡一定之地。預備車馬以便旅行者。亦謂之 Post（驛）。自是以後。凡運送旅客及消息之制度。亦以此名名之。歐洲之大部。今日猶用此語。如云 Post-chaise（傳車）Post boy（郵童）Post-horse（驛）等是也。至遞信之郵政、二百年間所行於英國及各國者。吾人今日所用之 Post 一語。殆多指此。由是生種種之語。如 Post-office 郵局 Postage 郵稅 Post-master 郵政局長 Post-telegraph 郵政電報 皆是也。其尤異者則吾人今日又有 Iron Letter Post 街道之鐵郵政箱 至是而 Post 一語、又復歸本來之意義。

上所舉之語。不過意義之最多變化者。但普通名辭之大部分。無不皆然。瓦德博士於其辨學中謂書籍魚象等語。似爲單義名辭。然讀者欲知其多義。固不難也。博物學家所說之魚。與常人所說之魚。其意義固不盡相合。以常人於眞正魚類外。又以此語表介類軟體類及鯨類。即一切游泳動物、皆以魚名之。而不問其眞爲魚與否也。象之一語。在書肆中。不以表大獸。而以表大紙、與通用語大異。人之一語亦然。有時用以與女子相區別。有時兼男子與女子言之。有時以指成人以與童子相區別。又有時指僕御言。有時爲夫之別稱也。

(三)第三種之多義名辭。則由類推得之。如云 A sweet taste 甘味 A sweet flower、甘花意謂美花 A sweet Tune 甘音意謂美音 A sweet landscape 甘景意謂美景 A sweet face、甘顏意謂美顏 A sweet Poem、甘詩意謂佳詩 是時吾人明明以同一之語。加諸相異之事物。而甘味之爲物。決不能與詩相比較者也。然甘之一字。吾人苟漠然攷之。則一切事物之可加以此名者。以其事物有一種特別之快樂。故而除與甘味比較外。更無術以描寫之也。吾人就苦痛而謂之曰鈍銳。就境遇而謂之曰酸苦。就一人之未來而謂之曰光明、曰黑暗等、皆是也。輝煌之形容詞。本光之照耀之意。如云輝煌之星、輝煌之金剛石等是。及其類推也、於是有輝煌之位置、輝煌之成功、輝煌之能力、輝煌之形式等語。此等語苟非自物質上之印象類推。斷不能解說之。吾人於第七章、當進而論一切名辭之與感情及生存相關係者。其創造全由於此作用也。

第五章　名辭之二種之意義其外延與內容

辨學中之要求讀者之注意、無過於此章者。吾人於此章中、當論一名辭之二種之意義。(一)其外延之意義。(二)其內容之意義。此二者、名辭之大半、皆兼有之。苟讀者能知此二者之區別而記憶之。則於辨學之研究。思過半矣。

名辭之外延上之意義。謂此名辭所得應用之事物。其內容上之意義。則謂此等事物所必有之性質也。欲舉一例以明之。試問金類之名辭。果有何意義乎。則將首應之曰、金類者、非金則銀、非銅則鐵、不然則必爲化學上所知四十八種之一、而有金類之性質者也。此等物質。構成此普通之意義、即其外延上之意義。然吾人何故以金類之名、加諸此等物質之全體、而不加諸他物質乎、則將應之曰以此等物質皆有屬於金類之某性質故也。故吾人非先知金類之性質、則不能知何物質得應用此名、又何物質則否、據化學上之說、則金類之性質如左。（一）金類者簡易之物質、（原質）不能由某方法而分析爲更簡易之物質。（二）熱與電之良導體。（三）有特別之反射力、所謂金類光是也。

此等性質。乃一切金類所公有。而由此以與他物質相區別。故此等性質。亦於他方面、搆成金類之意義。此卽其內容上之意義。而與其外延上之意義、相對立者也。

他普通名辭、亦無不有二種之意義。如「汽船」之名辭。於其外延上包含千萬艘之汽船。無論其中何船、皆得以此名名之。而其內容、則謂船之以蒸汽力行走者也。「君主」之名。得用於維多利亞、路易、拿破侖、及夫一切以一人統治一國者。此等人名。搆成其外延上之意義。而統治一國之性質。則搆成其內容上之意義。動物之名詞亦然。其外延所示、實包一切現在過去未來無限之動物。而就其內容上之意義言之。則不過物之有生活及感覺者而已。

顧外延與內容之區別。辨學家實以種種之形式表之。夫同一觀念、而得表以種種同意之語此亦辨學之不幸也。如名辭之內容。又謂之名辭之 Connotation 兼示 或名辭之深度。其外延又謂之名辭之 Denotation 指示 或其廣度。茲以表示之。

名辭之 { 內容 / 意義 / 深度 / 兼示 / 暗示 } 存于名辭所表之非物所含之性質

名辭之 { 外延 / 區域 / 廣度 / 指示 / 應用 } 存于此名辭所得應用之个物

此等說中。唯 Denotation Connotation 二語。近世辨學家穆勒約翰、始多用之。所謂 Denotation 者。謂名辭指示其所得應用之物。如金類之示金銀銅等是也。Connotation 者。即兼而示之之義。謂某種之性質、吾人用金類之名辭時所暗示者也。

當吾人比較相異且相關之名辭時。知此等名辭。其外延與內容之分量各不相同。如名辭「原質」之外延。實大於「金類」之外延。以此語之意義中、含一切金類及非金類之原質故也。然就其內容言之。則較金類之內容爲小。何則、金類之內容中。除其爲原質外。又有金類所特有之性質故也。更比較「金類」及與「延展性金類」之二名辭。則所謂脆金類如銻鉍等、明明不含於後者中。故延展性金類之外延。更狹於金類。然就其內容言之。則於金類所公有之性質外。更加以能延展之性質。故較大也。白色延展性金類。其外延更狹於延展性金類。以其中不含金銅故。由是吾人於名辭上、得漸加以形容詞。以漸狹其外延之意義。而使其名辭但得表一金類而止。

讀者於此。可得外延之分量與內容之分量互相關係之法則。即一名辭之內容愈增。則其外延愈減是也。但其增減固非有精密之比例。如吾人以「赤」之形容詞加諸金類。則其狹金類之外延也。較加以「白」之形容詞時爲甚。以白金類之數。當赤金類之十二倍故也。又白人之名辭之外延。廣於棕色人之名辭之外延。然從其內容之增而其外延必減若干。此又明白之事實也。

欲知此法則。不可不區別名辭內容之表面上之增、與實際上之增。如吾人以「原質的」之形容詞。加諸金類。則仍不改其外延之意義。何則。一切金類本皆原質。而原質的金類。比之金類、毫無增損故也。同時其內容之意義。亦不稍變。何則。原質之性質。本含於金類之性質中。而無俟分析言之故也。故一性質常屬於一類之事物者。謂之此類之所有物。而一切名辭。不能以其所有物增損之也。

吾人於此得竊兼指名辭與非兼指名辭之區別。卽後者但指示一事物。而不暗示其事物之性質。穆勒約翰以此區別爲甚重要。玆述其語如左

「非兼指名辭。謂名辭之但示一主語、或但示一屬性者。兼指名辭。則指示一主語、又兼暗示一屬性者也。此際所謂主語。乃物之有屬性者之義。如「約翰」「倫敦」「英國」等。乃但示一主語。而「白色」「長度」「德性」等之抽象名辭。則但示一屬性。此等名辭。皆非兼指名辭也。唯「白」「長」「有德」等之形容詞。乃爲兼指名辭。以形容詞、「白」指示一切色白之物、如玉雪等。又暗示或兼示白之屬性故也。故形容詞「白」。非屬性之賓語。而爲主語(如玉雪等)之賓語。但以此賓語加諸主語時。實暗示或兼示主語所有之屬性(白色)者也。」

「一切具體的普通名辭。皆兼指名辭也。如「人」之名辭。指示彼得約翰等、與無量數之箇人。但其所以得應用於彼等者。以彼等皆有某屬性故。故又暗示其有某屬性者也。……吾人所謂「人」者。乃謂一主語、卽某箇人。而非謂搆成人類之性質。故此名辭、乃直接示主語。而間接示屬性。易言以明之。則指示主語、而暗示或兼示屬性者。

此卽兼指名辭也。

「固有名辭。非兼指名辭也。卽此等但示所呼之箇人。而不暗示箇人之屬性。吾人得名一小兒曰保羅。而名一犬曰該撒。此等名辭。不過用以使此等人物、得爲言語之對象而已。雖吾人之名之也。亦有一種之理由。然其名實離其理由而獨立。有一人得以其父名而名之曰約翰。一地得以其在河之口而名之曰河口。然約翰之人名中。不示其與父同名。而河口之地名中。亦不必示其必在河口也。如此地一旦爲泥沙所淤塞。或因地震而變其河流。則河口之名、雖不副其實。固無改之之必要也。」

穆勒約翰之言如此。然其言非無可議者。穆氏此際實混視名辭之辨學上之意義。與其字學上之意義。不可不察也。夫人苟用英倫之名。而知其所指示。殆無不畧知此國之性質與其情狀者也。故此際謂之兼指名辭。亦無不可。人之知河口者。一聞其名。必喚起此地現在之情狀。此等情狀。謂非此名辭之所暗示。或兼示。不可得也。如河流變於一旦。則此市必受其變化。而此名之所暗示者亦變。此時此名不示一市之在河口。而但示其曾在河口而已。此外固有名辭、如約翰、斯密等。吾人苟不知其人。則此名似毫無意義。然但就此語觀之。亦兼指其爲邱頓人種中之男人。若更知其所指示之人。

則此人之形貌品性。未有不暗示於此名中者也。就實際言之。吾人唯由一名所暗示之特別的性質形狀。始能認此名。不然則此名實無一定之意義。而不能決其果指示何事物與否也。如約翰斯密之名。不示吾人以約翰斯密之性質。吾人如何能使其名與實二者相聯絡乎。蓋彼之名。固未嘗書於面目上故也。

然此尙一未決之問題也。穆勒約翰因此學之大家。故讀者不妨暫從其說。而謂固有名辭爲非兼指名辭。而具體的普通名辭乃兼指名辭也。若抽象名辭。則固無所兼指。何則、此種名辭。早指示事物之性質。而更無兼指之餘地故也。穆氏亦謂抽象名辭、有時得視爲兼指名辭。如過失之名。兼指屬於過失之危害之性質是也。但過失一語而眞爲抽象名辭。則危害之性質。只可謂其語之所指示之一部。然吾人之用此語也。往往視爲具體的事物、或具體的行爲之陷于過失者。故視過失爲抽象名辭時。則無所兼指。如視爲兼示危害時。則已非抽象名辭也。但吾人此際不暇細論此事。讀者姑從穆氏之說、而謂抽象名辭大抵爲非兼指名辭。但有時爲兼指名辭可也。

第六章　言語之成長

由前章觀之。則言語之淆亂。凡有三種。一由異語之偶同。二言語之意義之由聯想而變遷者。三由類推而變遷者、是也。顧言語之變化之出於第三原因、而至今日尚在變化之途中者。吾人尤當精密攷之。卽研究言語之創造及擴張之道。及辨學家之極有益極緊要之事業也。而言語所以變化之二反對作用。得述之如左。

(一)概括之作用。由此作用、而一名辭所得應用之事物之範圍。較前爲更廣。故其外延增而內容以減。

(二)分析之作用。由此作用、而一名辭所得應用之範圍、爲之更狹。卽其外延減而內容增也。

第一種之變化。其跡最爲顯著。卽吾人苟發見無名之新事物、與熟知之舊事物間。有相同之處。則當表其相同也。自然應用舊名辭於新事物。如草之爲物。吾人之所習見也。一旦見某物之形狀性質、同於草者。不期而卽呼爲草之一種。如吾人以後常遇此新種。則此新種自當與舊種同享草之名矣。炭Coal之一語。其變化亦然。本謂一種之焦木。五百年前所用爲燃料者。逮既用石炭後。其實既相似。遂取其名名之。其初尚別之曰海炭、曰坑炭。至於今日、二者共有炭之名。而又別焦木曰木炭。紙 Paper 之一語。本謂羅馬帝國時代所用之巴披路斯 Popyrus 樹皮。今則棉麻所製之新物質、可以供書寫之用者。亦謂之紙。（中國紙本以破布等製造故其字從絲今則竹草所製者亦謂之紙）Character（特性之意）一語之變化。亦甚有可注意者。希臘語之 Korakter、本謂雕刻所用之器。由此而聯想所雕刻之記號及文字。遂移而用之。吾人今日所謂 Creek Character（希臘文字）Arabic chardeter（阿剌伯文字）等。猶仍此意也。然一切事物。無不有自然之記號。故 Character 一語。由之擴張。而并示事務之特別且明晰之記號或性質。此最後起之意義也。

此等變化。非自箇人釀之。亦非以計畫行之。而實由於用此語者之無意識的作用。然在科學之言語中。則其概括實以計畫行之。如石鹼一語。通常謂曹達與脂肪之混合物。然化學上則故擴其意義、以包括金性鹽類與脂肪之混合物。於是有石灰鹼鉛鹼等之稱。酒精之名。本謂普通發酵之產物。卽葡萄酒之醑者。然化學家發見他物質之構造之與此相類者。亦以此名加之。吾人苟一觀祿斯哥之化學書。可知其種類之繁複也。且酒精之種類。苟將來又有發明者。則其數當不止此。一切化學上之語。如酸類鹼類鹽類金類土類合金以脫等。無不經過概括之作用者也。

他科學中、亦不乏此例。如鑒之一語。本謂光學上所用凸面玻璃。然他種形式之玻璃、亦於與鑒同用者。遂擴鑒之意義、而應用之於凹面玻璃及平面玻璃。他如槓杆平面圓錐體圓筒體弧線圓錐曲線曲線三稜體磁石搖錘光線等。亦受同一之概括。而擴其意義焉。

在普通言語中。雖固有名辭、亦時供概括之用。如基開祿時、凡善爲優者。名之曰祿休斯。此固一名優之名也。該撒之名、歐利斯該撒（羅馬皇帝之名）之後繼者。皆承用之。而若爲羅馬皇帝之徽號。後漸與皇帝之語意相合。迄於今日奧大利之該撒、與俄羅斯之沙。其名皆從固有名詞該撒來者也。雖該撒主義之抽象名辭。亦示該撒所立之一種帝國主義云。埃及王所建之塔、立於法老島者。其名頗洋溢。故在法蘭西燈塔亦謂之曰法萊斯。而英國則謂之曰法老斯。又自羅馬有名大將君都斯法莫斯後。凡不欲使戰爭陷於危地者。皆謂之法莫斯政策云。

在科學中。雖單純名辭。亦擴其意義以包括他事物。如謂恆星爲遠方之日。木星之衛星爲月是也。故有謂一切普偏名辭。皆於人類進化之初期。自概括之作用創造者。此亦一說也。夫吾人之理會概念也。較其理會箇物時。需更高之知力。故名辭始表箇物。而後推而放之於其種類之全體。此亦自然之理也。澳大利亞之土人。常呼大犬曰喀德利。後歐洲人以馬至。彼等亦以此名名之。奧塔海德之土人亦示此例。然此說尚有可疑者。則欲知一名之適於一箇物時。必須有一種之判斷。故分析之作用。必與概括之作用、同行於言語之初期。與其行於今日之言語中。無以異也。

分析作用。乃概括作用之反對。其重要之度。亦略相等。此種作用。所以狹普徧名辭之外延。而使其名但爲一箇物之名。或但爲原語之一部分之名者也。如是吾人始得一定之名。以表文化進步後之新事業及新觀念。如 Physician（醫生）之名。出於希臘語之 Physikos（自然的）或 Physis（自然）。故其本意、謂人之研究自然者。而研究人類身體之自然者。亦自括於其中。然此語之意義。至後日而漸隘。遂以之專稱應用自然之知識於醫療者。而對研究自然科學者。則更加以 Physicist（物理學者）之新名。Naturalist（自然學者）、之名。今亦限於研究生物者。Surgeon（外科醫）之語。出於希臘、本手工人之義。但在今日則唯醫之用手術者。始用此名耳。

此外言語上之例。亦正不乏。如 Minister（宰相或大臣）本僕役之義。然在今日、則以之稱一國最重要之人物。Chancellor（掌璽大臣）本謂僧侶或羅馬皇宮之門者。然在今日。則指最高之官吏。Peer 本同僚之義。然由言語之變化。今日則專指貴人言之。牧師女主大將船主等。亦皆因此分析作用。而變其意義。他若電信、鐵道、號旗、車站。及許多新造之言語。欲於吾人生活中尋其變化之跡。固自易易也。

由此分析作用。於是昔日同意之二語間。生若干之差別。夫同意之語。如「類」與「似」「始」與「初」「大」與「巨」等。固有同一之意義。然通常所謂同意之語。不必盡然。而於其意義及運用中帶差別之陰影者也。此際哥萊利忌所謂區別、斯賓塞爾所謂分化之作用。實行於其間而使同意之語之一。專有一義。而其他專有他義。如 Wave 與 Billow、（皆謂波浪）本謂物質上同一之現象。然詩人多用後語。而前語則往往用以表實際上及科學上之事實。Unduration、亦第三之同意語。此則學語上所專有而以示波浪之進行於時間中者也。Cab 本 Cabriolet（一馬駕之馬車）之畧語。而有同一之意義。然在今日、則專用以表雇車。又在阿美利加。則此語又但指鐵道馬車言之也。

夫一國語中而有許多同意之語。固此國語之辨學上之缺點。以吾人往往習于混視此等言語。而不暇攷其暗中之有無差別故也。而此缺點、尤以英語爲最著。以英語之一部自希臘拉丁語出者。往往與其他部之自薩克孫法蘭西語出者。有同一之意義。故同一之議論。以薩克孫語表之者。若代之以他語。（自希臘拉丁語出者）則吾人似已證明此議論。此滑德來之所明示也。故語法愈繁複、愈變化。則用之者之雄辯力愈增。然吾人此時、已入於種種虛妄(第二十章及第二十一章)而不自覺矣。

於概括及分析之二作用外。許多言語由類推或譬喻之作用。而廣其意義。由是言語大爲增加或變化焉。此等變化、亦存於概括之作用。何則、此語之所新應用之事物。與舊所應用之事物間。必有相似之處故也。但其相似之處至遠且隱。寍可謂之類推。不得謂之同一。故此際一切言語皆以譬喻法用之。而譬喻之語。從其希臘語之語源觀之。明示一語之自其通義出、而用之於特別之計畫也。例如治國者與操舟者之間。有相似之處。吾人由之而得種種之譬喻。如謂首相居於國家之舵樓是也。Governor(統治者或巡撫)一語、及其孳生語。亦譬喻之所創造。以此語實 Gubernator(舵工)之變形故也。他如羅盤、極星、號旗、鐵貓等。與航海相關係者。亦用爲譬喻之語。吾人又由調馬之方面。得種種之譬喻。如驅策、羈縻、維縶等皆是也。要之、凡一切日用生活上之語。殆無不用爲譬喻之基礎者。

此譬喻作用。不獨吾人今日以意識行之。凡表精神上之觀念之語。殆皆於言語之歷史上、經過此作用而搆成者也。精神 Spirit 一語。乃今日觀念中之最純潔、最無形者。然不過拉丁語 Spiritus 之變化。而本示微風或呼吸者也。餘如 Inspiration(神來)Esprit

聰慧及他語。亦皆由此取譬。且各國語中之表心意或靈魂之語。皆自呼吸類推之。亦一奇事也。Soul 靈魂 一語、其哥德語源本謂暴風或大風雨。拉丁語之 Animus 及 Anima 皆謂精神 當出於希臘語之 Anemos 亦風之意也。希臘語 Pnemos、空氣或呼吸 其用於新約全書中也。亦爲精神的存在之意。而英語之 Ghost 鬼神或精神 一語。其淵源亦如是也。

一切精神哲學及形而上學所用語、示精神之動作及現象者。殆皆自譬喩來。Apprehension 理會或知覺 本伸手取物之意。Comprehension 貫通或完全理會 則以手把諸物之意也。外延 Extension 本謂開展。內容 Intension 本謂屈撓。說明 Explication 本謂解放。應用 Application 本謂摺合。概念 Conception 本謂蒐集。關係 Relation 本謂持歸。經驗 Experience 本謂通過一事物之差別、Difference 本謂分別數事物。思慮 Deliberation 本謂稱量。阻碍 Interruption 本謂分裂。命題 Proposition 本謂前置。知覺 Intuition 本謂觀覽。此等言語。如吾人欲列舉之。恐更僕不能竟也。英語之理性 Reason 及悟性 Understanding、亦含物質上之譬喩。拉丁語之知力。亦如是也。

一切感覺。亦與吾人以精純無形之言語。如 Sapience 知慧 taste 趣味 Insipidity 淡薄 Gout 風味 皆從味覺來。Sagacity 銳敏 自犬之非常之嗅覺力出。唯視覺之爲物。最爲精密高尚。故自此出之言語。更爲衆多。如明瞭 Clearness 鮮明 Lucidity 暗昧 Obscurity 糢糊 Haziness 明白 Perspicuity 等及許多他語。皆自視覺出者也。

吾人苟一觀言語之由概括分析及譬喻之作用、而自一語源創造無數之言語。未有不驚且駭者也。馬克斯牡列爾曾就 Spec 視之意 之語源。示其一例。謂此語源爲阿利安語中所公共。如梵語之 Spas 希臘語則顛倒其子音而爲 Skeptomai 拉丁語之 Specio。英語之 Spy 皆同意也。下表之語。皆從此語源出。如 Species 種類 Special 特別的 Especial 特別的 Specimen 標本 Spice 香味 Spicy 有香 Specious 明麗 Speciality 特別 Specific 分別的 Specializatien 特別化 Specie 金銀等 Spectre 幽靈 Specification 條記 Spectacle 眼鏡 Spectator 旁觀者 Spectral 幽靈的 Spectrum 七色光 Speculum 鏡 Specular 如鏡的 Speculation 思辨 皆是。若與他語源相聯合。又生種種之語。而自此等聯合語。又得生種種之語。而英語中之自此語源出者。計不下二百四十六言云。

第七章　拉衣白尼志之知識說

吾人研究名辭時。不可不明知一名辭所要求之完全知識。吾人之用君主文化等名辭也。實示吾心以某事物或某觀念。而當用之之前。苟力之所能及。必不可不有此事物或此觀念之完全知識。顧完全知識存於何處乎。又此種知識之必要之性質如何。就此問題、數學家兼哲學家拉衣白尼志曾以一小册答之。卽一千六百八十四年所出版者也。近世辨學書中多用此書之說。培奈斯文又全譯之。拉氏原書頗不易解。故今日不盡遵其原書。暫從湯姆孫及赫彌爾敦二氏之解釋。而簡明述拉氏之見解耳。據拉氏之見解。則知識先有暗昧及明瞭之別。次有淆亂及剖析之別。又次有不完備及完備之別。又次有記號的及直觀的之別。完全之知識。必明瞭剖析完備兼直觀的也。於此數者中或缺其一。則爲不完全之知識。今列之如左表。

- 知識
  - 暗昧
  - 明瞭
    - 淆亂
    - 剖析
      - 不完備
      - 完備
        - 記號的
        - 直觀的——完全之知識

吾人就一觀念（或一事物之知識）而謂之暗昧者。以吾人不能以此觀念再認此事物。又以之區別此事物於他事物也。若薔薇花之觀念則頗明瞭。以吾人能再認此花。而又能與他花相識別故。吾人所有某友之觀念亦然。以吾人苟見此友時能再認之而不疑故也。夫牧人由習練之故能對其一羣之羊而一一有明瞭之觀念。故能一一認識之。犬人能就各獵犬而一一知其名與性質。然在他人則不過有獵犬之暗昧觀念。不能一一分別之。故知識之暗昧與明瞭之別。不過熟練與不熟練之結果而已。然天下事物。亦有不能有明瞭之知識者。如地質學家不能對沙石石版石等、而有明瞭之觀念、以此種石之程度及性質、有無限之變化故也。在生活之下等形式中。雖博物學家、不能有動物生活之明瞭觀念。以與植物生活相區別。蓋原生動物之當屬於動物或當屬於植物。吾人恒難斷定之故也。

顧吾人雖能再認一事物之全體、而不能區別其中之部分及性質。則對此物雖有明瞭之知識。尚未可謂之剖析也。人雖能知一友、而區別之於他人。然恒不能言其所以知此友者如何。不習於繪畫者、苟就日所見聞之物、如馬牛等。而欲畫其大略。即可知彼之對此等物僅有淆亂之知識。而未有剖析之知識。若畫家則雖對其一肢之知識。亦甚剖析。化學家之於金銀也。其知識不但明瞭而又剖析。以彼不但能識別二者。而且能一一述其性質故也。吾人之於象棋局也、實有甚明析之知識。以吾人知其中有六十四方罫故。一切幾何學上圖形之觀念、如三角形圓形平行方形正方形五邊形六邊形等。皆甚剖析之觀念也。但吾人之說立憲政府或文明國民也。則但有淆亂之觀念。以吾人所說立憲政府之性質。不必爲搆成此政府之眞性質。故文明國民之觀念亦然。故此等名辭、不但無剖析之意義。亦幾不能有明瞭之意義焉。

一切單純觀念如赤色等。其意義殆全無剖析者。以無論何人、不能分析一赤色。且不能以言語曉之於他人故也。人之生而盲者。萬不能以言語使之知赤色爲何。吾人唯持一實際上之赤色物。始能定其性質耳。一切單純感覺。不問其爲聲色臭味、無不皆然。故此感覺雖能明瞭知之。不能剖析知之也。

至欲說明拉氏所謂完備不完備之區別。則更不易易。拉氏謂凡剖析觀念之部分、亦皆剖析、而可行最終之分解者。是謂完備之知識。此種知識。一時不能舉其例以示之。唯數之知識。差近之耳。

故吾人若就一物而有完備之知識。不但當區別此物中之部分。并當區別其部分中之部分。吾人謂有象棋局完備之知識。以吾人不但知此局有六十四方罫。且知各方畀自相等之四直線搆成、而此等線又互爲直角故也。然吾人就一直線。不能有完備之知識。以吾人不能加以定義。又不能分解之爲更簡易之物故。欲知識之完備、必吾人之知識分析至於無限而後可。此實不可能之事也。然從託姆孫氏之說。則知識之分析、苟足以厭吾人尋常之所要求者。亦得謂之完備。如一機器師而能知一機器之部分、(輪與軸)且知各部分之功用、材料、形式、及動作。更進而質之。則其材料之靜力學上之性質、與其形式之幾何學上之性質、凡所以便此機器之工作者。彼皆無不知。則吾人謂彼有一機器之完備之知識可也。然至問鐵與木之何以堅、何以脆。油之何以能爲平滑之用等。此等說明、不能望之於彼也。

吾人至此、當進而論記號的知識與直觀的知識之區別。夫直觀的之本意。本謂由觀而得者。故知識之直接入於感官者。謂之直觀的。吾人能由直觀上知一正方形、或六角形。至千角形之如何。則難由直觀知之也。

今有一〇〇〇角形與一〇〇一角形。於此吾人驟視之。不能言其同異。而此等形亦不能完全呈於心中。吾人所以知之者。唯由其名或其記號耳。一切大數。如表光之速率每一秒中一八六〇〇〇英里及大陽與地球之距離九一・〇〇〇・〇〇〇英里者。皆唯由記號知之。而爲吾人想像力之所不能及者也。

所謂「無限」者亦然。卽吾人唯於知力上、知有某物爲感官之力所決不能駕馭者耳。吾人說「無」說「零」說「自相矛盾之事物」或「不可思索之事物」。此等言語。已示吾人以此等事物。決不能實現於吾心。更不能以感官知覺之。而但視爲一記號而已。吾人就算術及代數。大抵唯有記號的知識。何則、於二學之問題中、吾人不必步步使數目與記號之意義、實現於吾心故也。學代數者。知乘二量之和與差。則其積等於此二量之平方之差。其記號如左。

$$(\text{甲}+\text{乙})(\text{甲}-\text{乙})=\text{甲}^2-\text{乙}^2$$

更證明之如左。

$$\begin{array}{r} \text{甲}+\text{乙} \\ \text{甲}-\text{乙} \\ \hline \text{甲}^2+\text{甲乙} \\ -\text{甲乙}-\text{乙}^2 \\ \hline \text{甲}^2+\text{〇}-\text{乙}^2 \end{array}$$

此際之作用。但以記號行之。卽但用甲乙二字、從某規則而計算之而不問此二字之意義如何。以後無論加此二字以何意義。無不確實。不必更返而計算之也。幾何學則不然。當其證明一眞理也。必步步以直觀的知覺行之。何則、吾人於幾何學中、實用某圖形以爲證明之具、而不得不問所要之性質、果具於此等圖形中否故也。如是、故代數學上以記號所示之眞理、如上所述者。得證明其可應用於直綫及直線中所函之長方形。如歐几里得第二書之第五命題之系是也。至直觀的方法與記號的方法二者。其益孰多。亦有可言焉。後者爲之甚易。而應用之處甚廣。然其明晰確實。遠不如直觀的方法。故幾何學上之眞理。雖已爲代數學所證明。然此學之研究。終爲敎育上所不可缺也。故以幾何學的方法或直觀的方法、說明天體之運動者。乃奈端氏特別之榮譽。而其後繼者、如萊額蘭茲、如拉布拉斯、則唯藉記號之助。以說明此等運動而已。

凡數學上所視爲眞實者。得應用之於種種推理。何則、言語之爲物。亦如甲乙丙天地人之記號無異。故吾人雖不意識言語之意義。猶得以此等言語推論之。如吾人云「硒爲二價原質。而二價原質。得以輕氣之二原質易置之。」則凡不知化學者。雖不能解此等言語之意義如何。然亦得就此二命題而論斷之曰。「硒得以輕氣之二原質易置之也。」此種論斷。全屬記號的論斷。凡在普通生活中。吾人用一言語、而同時不解此語之完全且精密之意義者。吾人不過有記號的知識而已。

學者之惡習。無踰於以言語代事物之知識者。如吾人讀博物學書、而但知軟體類有孔類擔輪類之名。而無其明晰之像。則非徒無益。而又有害焉。學者苟不實驗。而以自己之眼攷察物質。則雖多讀化學及物理學之書。其為益幾何。何則、以彼於讀書時。但遇種種之新名辭。而此等名辭。不過空虛且混雜之記號而已。由是吾人當善用感官、以觀事物之形式性質及變化。而務使所用之言語。不徒視為記號。而皆得呈於直觀。如是、然後得免於謬妄也。柏庚曰。「吾人當觀察事物之自身。」此語不可不察也。

第三篇　命題

第八章　命題之種類

吾人但用一名辭。不能表一眞理。何則、名辭但示吾心以一事物或一羣之事物。就此事物、吾人固得言其與他事物相合或不相合。然但就表此事物之名辭言之。則固不能言其與他事物之關係也。太陽空氣几案等、皆示吾心以思想之對象。但吾人不能謂太陽爲眞、空氣爲誤、几案爲妄。吾人必聯絡名辭以作一題、或一命題。然後眞妄之名。始得而加之。如云「太陽光明也。」「空氣新鮮也。」就此等語法。始得證其眞否。夫辨學上之名辭。前既視爲表理會之作用。故辨學上之命題。可視爲結合數語以表判斷之作用者。易言以明之。則判斷作用之結果。而約之於言語之形式者也。

凡辨學家所呼爲命題者。文法家則謂之曰句。但一切命題。無不成句。然一切句不必皆爲命題。某種之句、明明有與命題異者。如文法上所謂疑問句命令句願望句感歎句皆是也。此等句法。亦得由間接之表出法。而約之爲指示句。此文法上所以表命題之語也。然苟未約爲指示句時。則於辨學上無討論之之地也。

命題之語。自拉丁語 Pro 前 及 Prono 置 出。謂置判斷之結果於他人之前者也。夫一切判斷或比較之作用中。必含所比較之二物。故一切命題、必成於三部分。其中之二名辭、示所比較之物。其一動詞或連辭、則示判斷時所定二物間之關係。如「鯨爲哺乳動物」之命題。示「鯨」與「哺乳動物」之有一致之處。此二者固明明爲二名辭。而「爲」之一字。則其連辭也。

吾人常謂命題之第一名辭曰主語。以此語實示根柢上之事物。吾人常就此事物、而斷其如何者也。第二名辭則謂之賓語（或說明語）謂所斷之語也。此語出於拉丁語 Praedicare。即斷定之意。自是而生法語 Predicateur 更變形而為英語之 Preacher。（說法者之意）此拉丁動詞。初不與其他動詞 Predicere（預言之意）相混。但今日之新聞記者等於當用預言之處。亦往往濫用 Precticate 之動詞。而吾人所希望者則科學上之學語。不當攔入普通言語中。以普通言語中自有他語可用故也。此語及一切他學語、但當專留為科學上之用。不然則普通生活上之言語及科學上之言語皆不免於淆亂矣。

命題得粗分之為二種。一限制的、一無限制的。如云「金類得熱則柔」此限制命題也。何則、此不就金類普偏言之。而但就其得熱之狀態言之故也。凡吾人欲有所斷時、不可不假定之狀態、名之曰限制之條件。而限制命題中、亦有二種。假言命題與離言命題是也。但其詳論當俟諸十八章。今所欲論者則為無限制命題。此又謂之斷言命題。而自希臘動詞 Kategoreo（斷定之意）出者也。

左表便於示句及命題之分類。故列之。

指示句 ─ 命題 ┬ 斷言的命題
　　　　　　　 └ 假言的命題

句{疑問句
命令句
願望句
感歎句

{限制的命題
選言的命題

今當詳攷斷言命題之各種。此項命題、得從其性質與其分量而分之。就性質言之。則有肯定命題與否定命題之別。就分量言之。則有普徧命題與特別命題之別。

肯定命題。斷定主語及賓語有一致之處。而賓語之性質、亦屬於主語者也。如「鯨爲哺乳動物」之命題。示鯨與他哺乳動物有一致之處。而知鯨以哺乳而成長。且備有動物所有之諸性質。否定命題、則示主語及賓語有全異之處。或賓語之某性質、不屬於主語。如云「鯨非魚類。」則示魚類之性質之不屬於鯨者也。

就分量上分之。則又有普徧命題與特別命題之別。如一命題而斷定賓語屬於主語之全體。則爲普徧命題。如云「一切金類皆原質也。」此示不可分析之性質、屬於金類全體者也。但若謂「若千金類爲脆金。」則脆之性質、僅得加諸金類中之不定的部分。而命題中並不示何金類爲脆金。是爲特別命題。特別之語。自其拉丁語源觀之。但示一小部分。而辨學上之用此語。則不問其大小如何。但指某部分、以與全體相區別而已。故特別命題。除命題之賓語之全屬於主語或全不屬於主語者、不在其範圍內。實包括二者之中間種種之命題。茲爲之舉種種之例如左。

甚少之金類、其密度不如水。

大半之原質、乃金類也。

許多行星、乃比較的小物體也。

名父而有肖子者不少。

但特別命題。雖以賓語加諸主語之一部。亦不害其得加諸全體。此詭秘之點、當於後論之。讀者所不可不知也。

雅里大德勒謂由命題之分量。得分爲四種。

一普徧命題

二特別命題

三單獨命題

四不定命題

單獨命題、謂其主語爲單純名辭者。如

蘇格拉底哲人也。

倫敦大都會也。

但單獨命題。吾人得視爲普徧命題之一種。何則、以賓語之性質、得應用於主語之全體。故不過此際之主語。但爲箇物而已。

不定命題。謂命題之無分量之記號、而其賓語尚不定其屬於主語之全體、或僅屬於其一部分者也。如謂「金類有用之物也、」「彗星亦從引力之法則」皆不定命題也。然就實際言之。則此等命題。於辨學上尚無一定之位置。苟不與以精密確實之意義。辨學家固無自處分之。凡一切賓語非加於主語之全體、則必加於主語之一部分。故此等命題其末底於完全明矣。然吾人若欲進而彌此缺點、而加以分量之記號。則又出於辨學之範圍外。以此等知識唯由觀察事物得之而不能由辨學得之故也。如吾人就上文之二例。而釋爲「若干金類爲有用之物。」「一切彗星皆從引力之法則。」此等解釋。固自精確。然其根據、則不存於辨學上。故吾人當於辨學上除去此等命題。且必先從他方面定其分量。而後於辨學上處理之然此書於後章所引用之命題。多取不定之形式。但此等命題。雖無分量之記號實視爲普徧命題。此亦讀者之所當知也。凡主語之獨用者。實謂主語之全體。故不定命題、不必視爲一特別之種類。若單獨命題。前既分解之爲普徧命題。故命題中僅有普徧及特別二種耳。

夫上文既就命題之性質而分爲二種。今就其分量言之亦然。故命題之變化、凡有四種。

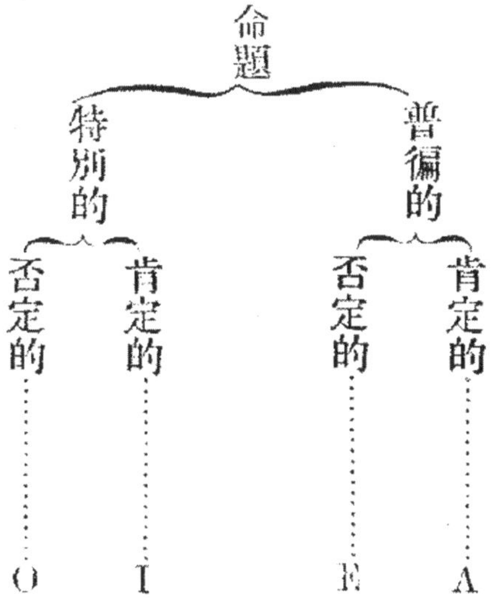

- 命題
  - 普徧的
    - 肯定的……A
    - 否定的……E
  - 特別的
    - 肯定的……I
    - 否定的……O

下方之母音字乃用以表四種命題之記號苟吾人觀A與I之存於拉丁動詞 Affirmo（肯定）E與O之存於拉丁動詞 Nego（否定）則此等記號自不難記憶也

吾人於書籍中所遇之命題恒不難定其屬於何類普遍命題之記號恒用分量之形容詞如「一切」「每」「各」「凡」「無」等是而凡賓語之得應用於主語全體者皆得以普徧命題視之特別命題之記號亦用分量之形容詞如「若干」「某種」「少許」「多許」「大概」及他詞之表部分者是也

否定命題恒以「非」或「不」之助動詞、加於連辭之上但如命題E、卽普徧否定命題則恒以「無」字加於主語之上如謂「無金類爲化合物」「無一古人能知運動之法則者」乃普徧否定命題之形式也

學者不可不知命題之淆亂之形式「一切金類之質非密於水」之命題得由解釋之異而視爲E若O卽得解爲「金類之質無密於水者」或「金類之質非皆密於水者」然此中唯第二之解釋眞也「少許」之形容詞亦喚起此種之淆亂如吾人謂「少許之書籍有用且有趣味也」其表面之意義謂少許之書籍之性質如此而其裏面之意義則謂多數之書籍、不能同時有用且有趣味也故此種命題與其視爲特別肯

定命題I不如視爲特別否定命題O之爲妥也。「若干」之語亦然。得解爲若干而非一切(此際爲命題O)或若干而殆近於一切。(此際爲命題I)從下章觀之則第二解釋確也。

命題之在普通言語中者。恒與辨學上之形式異。而生種種之轉換者也。

(一)於普通言語或詩歌中。往往置賓語於主語之前、以強其意義。或以變化其句法。如「逝矣英雄專荒哉割據心」等。吾人不難知其變換。然必變此等句法爲通常之句法。然後始得於辨學上處理之也。

(二)有時因句法之變化、而吾人誤認賓語爲主語。如云「自由不存於人之爲嗜欲之奴隸者」是也。此際「自由」二字明明爲一賓語。而「人之爲嗜欲之奴隸者、」則主語也。故此命題明明爲命題E也。

命題之異於辨學上簡易之形式者。其數頗衆。而其中之若干種。不可不特別注意之。專指命題恆含一種之語、如「唯」「獨」「此外無」等。以限賓語之應用於主語者也。如云「唯原質乃爲金類」。此限制金類之賓語除原質外、不得用於他物、而決非謂一切原質皆金類也。他如「除原質外無金類」「凡非原質者皆非金類」其義皆同。吾人於下章、得知此等命題、實與「一切金類皆原質」之命題無以異。此等論法。其初頗若謬妄者。然若視爲專指命題、而正當解釋之。然後可知其確實也。

例外命題。示一賓語除一二例外之事物外、得應用於主語之全體者也。如「一切行星、除水星與金星外、皆在地球軌道之外。」此命題明明與下二命題相等。即「水星與金星不在地球軌道之外。」「他行星則在其外、」是也。且就例外之事物而苟不特舉其名。則例外命題。亦可視爲特別命題。如云「太陽系統中之一切行星、除一星外、皆從僕特之法則。」苟不舉此星之名。則讀者不能由此命題、而斷某某行星實從僕特之法則。故與云「行星之大部從僕特之法則」無以異也。

命題中有所謂明示者。以此種命題。僅對其主語而附以人人所知、又人人所以釋此主語之賓語。此種命題。但明示主語中之所含蓄者。故謂之明示命題。如云「倫敦英吉利之國都、而歐洲之最大城市也。」其中實含兩命題。其一實示人人所知之事實。即「倫敦英吉利之國都」是也。

擴張命題。則更以新賓語加乎主語。如對不知歐洲城市之大小者。則「倫敦者歐洲最大之城市」之命題。實爲擴張命題。命題之大半皆此類也。

同一命題。則僅以主語斷主語。而不示以一毫之知識。如云「聞所聞」「見所見」等是也。

若夫就書籍中句法之意義。而教其如何解釋之。此文法家及言語學家之事。而非形式的辨學之所能爲力也。形式的辨學。僅研究命題間之關係、及其如何由此等命題而推論耳。然讀者苟能就普通言語之形式而得其辨學上之意義。雖辨學之所不能爲。亦其所希望。故讀者不可不問就書籍上之命題而研究之、分類之也。

命題之種類。如上所述外。又往往分爲純粹命題、及形狀命題二種。純粹命題。但示一賓語之屬於主語與否。形狀命題。則兼示賓語之屬於主語之程度。如時間空間形狀等之助動詞、或他語之與助動詞相等者。皆與命題以其形狀。如云「謬誤常生於躁急」「完全之人必常征服自己」。乃形狀命題之標本也。他辨學家之意見。則頗有異於是者。彼等以形狀爲存於判斷之確實之程度。如云「等邊三角形必爲等角三角形」。「人大都可信」、「風雨表之降或示暴風雨」。「雅里大德勒之逸書當可蒐復之」。此等命題。皆示種種確實之程度、即形狀。然託姆孫博士、則謂命題之形狀。不影響於其連辭。其言甚確。但此等事唯當於或然的推理之部分論之耳。

許多辨學家、又分命題爲眞實及虛妄二種。此區別似爲緊要。然欲攷命題自己之眞妄與否。則全出於辨學家之範圍外。辨學所能決定者。命題之相對的眞妄性耳。即他命題果如此如彼、則此命題當何如是也。精密言之。則辨學之對命題自身、固不能措一詞、而推論之事。不過轉換及變化某命題。以改爲他命題。其結論之眞否。惟以其果自前提出否、試驗之而已。至研究一切命題之眞否。則各科學之事業。而爲此事業之學。雖謂之廣義之辨學。亦無不可。然形式的辨學、即狹義之辨學。固不能獨任此事業也。

第九章　命題之反對

前章既述辨學家所認四種之命題。即(一)普偏肯定命題。(二)特別肯定命題。(三)普偏否定命題。(四)特別否定命題。而以A I E O之記號表之。今當進而詳較此等命題之意義、及其應用。以知一命題之眞理、影響於他命題之眞理者如何。及同一之眞理、如何而得投諸種種之形式也。

命題A示主語所表之事物、或一類之事物、含於客語所表之事物中、或構成客語所表之事物之一部。如云「一切金類皆原質也。」則示金類爲原質之一部、而非其全體。何則。人人所知之原質。固有六十餘種。而金類則不及五十種。又吾人不能謂一切原質皆金類故也。且此命題自己、並不就原質有所擬議。而但就金類之主語、而與吾人以若干之教訓耳。凡一切命題、以圖表之。最爲明晰。此有名之數學家歐拉所發明。而見於其與日耳曼公主書者也。圖形一示金類之閉於一小圓形中、如豚之在笠。而此小圓形除包含金類之全體外。並無他物。大圓形亦然。但包含原質之全體。而此外亦不含他物。今以小圓形全置於大圓形中。則一切金類自必皆爲原質。但原質之一部在金類之圈外者。吾人固不能由此命題知之也。

圖形一

原質

金類

特別肯定命題、卽命題I。除但計主語之一部分外。其意義全與命題A相同。如吾人云「若干金類乃脆金也。」意謂金類之全體中、其一部脆弱。但「若干」一語。至爲廣莫。並不示脆金之確數。除自行試驗外、固不能確知之也。故此命題之以歐拉之圖形表之也。常以相割之二圓形。其一含一切金類、而其一含一切脆質。此二圓形相割之事實。證明一類之若干部分、必與他類之若干部分合。此卽命題I

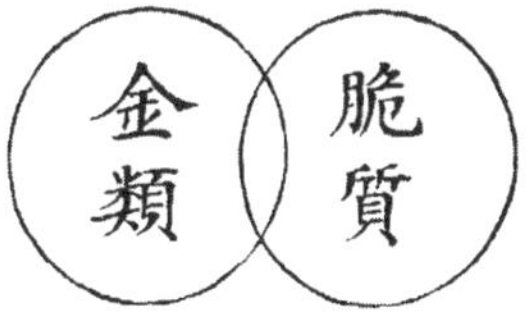

圖形二

脆質

金類

所欲表示者。但二圓形中之他部分在相合之部分外者。此命題之所不計也。普徧否定命題、卽命題E。則全駁主語與賓語之一致者也。如吾人由「無金類爲化合物」之命題。而知於化合物中斷不能發見金類。則亦知金類中斷不能發見化合物。何則、如有一化合物存於金類中。則至少亦必有一金類存於化合物中。此二類之完全分離。於歐拉之圖形中、以分離之二圓形表之。

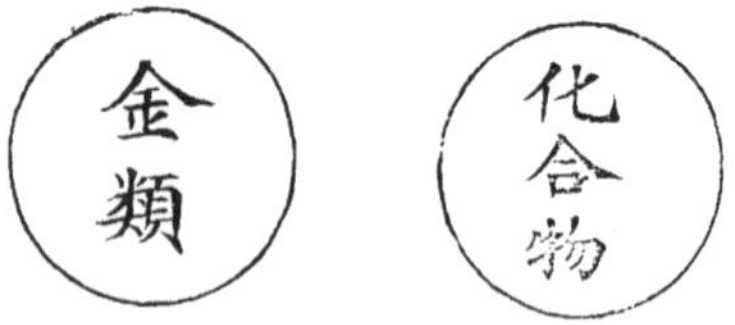

圖形三

化合物　　金類

讀者於此。可知命題E之與命題AI之差別。以吾人由此命題。得知賓語全體。如何卽知賓語所表之一切事物。亦無一能發見於主語中故也。肯定命題則不然。但示主語所表之事物、或其所表之事物之一部。含於賓語之中。然不示賓語之何部、與主語所表者相合也。何則、苟吾人但知一物爲原質時。斷不能由「一切金類皆原質」之命題。而知此原質之爲金類與否。又從「若干金類乃脆金」之命題。亦不能言某脆質之爲金類否。而此等知識、必自他方面得之故也。然從「無金類爲化合物」之命題。吾人能知一切化合物皆非金類。其明確之度、與知一切金類皆非化合物、無以異也。

上文所述之差別。如以學語表之。則命題E、可謂分配其賓語者。而肯定命題A與I、則不分配其賓語者也。所謂一名辭之分配者。謂就此名辭普徧言之、或就其一切部分言之。而一議論或一推理式之確實性。常存於其名辭之分配之完全與否。但在此際。尚不能詳論之也。

就上文所引之例斷之。則普徧肯定命題、但分配其主語、而不分配其賓語。以上文所引之命題、但與吾人以一切金類之知識、而不與以一切原質之知識故也。特別肯定命題、則主語與賓語、皆無分配之可言。蓋就上文之例、吾人對金類與脆質之全體、均不能贊一辭。故唯普偏否定命題。則分配主語與賓語。以吾人於此、得就一切金類及一切化合物、而得一種之知識故也。

圖形四

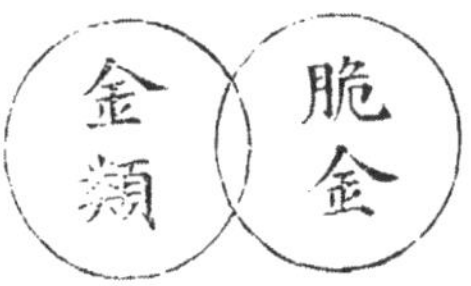

脆金

金類

至特別否定命題、則但分配其賓語、而不分配其主語、如吾人謂「若干金類非脆金」時。乃專指金類之一部、而置諸脆金之外。但此時指脆金之金體言之。如所指之金類、雖置諸脆金之一部外。則仍可與脆金之他部合、仍不謂之置諸脆金之外也。歐拉之圖形之表此命題者、與表命題I者無異、雖金類之一部分落於脆質之圓形中。然其他部分仍在賓語之全體外。固甚明晰也。

吾人得述所得之結果如左。

命題		主語	賓語
普偏的	肯定的A	分配	不分配
	否定的E	分配	分配
特別的	肯定的I	不分配	不分配
	否定的O	不分配	分配

吾人至此、得易知四種命題之關係、與其各相反對之故。而一命題之眞理、得由他命題(含同一之主語及賓語者)之眞理推之。但其完全之度、畧有不同耳。如謂「一切金類皆原質」。則不能謂「若干金類乃非原質」。尤不能謂「一切金類皆非原質」。故命題A、不能容命題E及O。自其反而言之。則命題E及O、亦不能容命題A也。命題E亦然。不能容A及I。但A若虛妄、則O必眞實、而E則或眞實或不眞實。此區別又不可不知也。如「人皆忠信」之命題、苟爲虛妄。則「若干人非忠信」之命題自從之。

而不必隨以「無人忠信」之命題。由此區別。故吾人謂AO爲矛盾之二命題。而命題A與E則謂之反對之二命題。夫A與E之例、如「人皆忠信」及「無人忠信」之二命題。固表最反對之二事。然欲證A之虛妄。則苟能證O之眞實。固已滿足。而不必曳證E之眞實也。命題E亦然。欲反證之。(證其虛妄)則但須證I之眞實。而不必更證A之眞實。人之說普偏命題者。無論其爲A爲E。苟有例外之事物、與此命題相反對者。必不可不一一反證之。至其論敵之所爲。則頗易易。苟發見一事物與其命題之普偏性相矛盾者。已足反證此命題。但爲其論敵者。苟不限於反駁之方面。而主張與此命題反對之命題。則亦易於攻擊矣。如吾人謂「一切基督教徒皆善於異教徒」則引數例以示「若干基督教徒之不善於異教徒。」固自易易。然若必趨於反對之一極。而謂「無基督教徒善於異教徒」則又未免支離矣。要而言之。則欲反證A、莫若以O。欲反證E、莫若以I。自其反而言之。則O之由A反證。而I之由E反證。亦甚明白。而此外亦更無反證此等特別命題之術也。

吾人苟比較命題I與命題O。則知其性質中有反對之點。卽一肯定的、一否定的、然此二命題、決非不能相容者也。夫「若干金類乃脆金」之命題。固爲眞實。如銻鉍等、皆其例也。然「若干金類非脆金」之命題。亦未始不眞。且吾人苟斷「若干金類爲原質」。則無自以駁「若干金類非原質」。此讀者之所易知也。故I與O、可謂之次反對之二命題。卽其反對之程度。次於A與E之反對也。

至攷A之於I及E之於O之關係。則普偏命題之眞實性中。已含特別命題之眞實性。凡吾人所肯定或否定於一類之一切部分者。必能肯定或否定於其若干部分。此易明之理也。然特別命題之眞實。則不能由之以推普偏命題之眞實。故A與I及E與O之命題。謂之從屬之二命題。更精密言之。則I與O各爲A與E之從屬。而I與O、則其統屬者也。

上所述命題之關係。得以一圖表之。

深知命題之相容與相反。甚爲重要。吾人當更以他形式表之。今有二命題、有同一

之主語及賓語。則下文所述條目之一。必可應用之。

(一)凡矛盾之二命題。其一必眞實。而其一必虛妄也。

(二)反對之二命題。兩者不能同時皆眞實。或且皆虛妄也。

(三)次反對之二命題。唯其中之一或虛妄。且二者有時皆眞實也。

(四)就從屬之二、命題。若普徧命題眞實。則特別命題必眞。若特別命題眞實。則普徧命題、或眞或不眞也。

吾人於左表、當更以他形式表此事實。而示AEIO之影響、及於各他命題者如何。

如A眞實則	A眞	E妄	I眞	O妄也
如E眞實則	A妄	E眞	I妄	O眞也
如I眞實則	A疑	E妄	I眞	O疑也
如O眞實則	A妄	E疑	I疑	O眞也

夫然。故吾人承認普徧命題時所得之知識。多於承認特別命題時所得之知識。又駁斥特別命題時所得之知識。優於駁斥普徧命題時所得之知識。以於前二者中、存疑之處甚少。如上表所示故也。

但讀者之對特別命題。尙須避其中之淆亂。此在有名之辨學家。亦或不免焉。卽特別命題中之形容詞「若干」必解爲「可以多少」、及「可以爲全體可以爲一部」之若干是也。若解爲「非大半非全體」之若干。則此命題實兼I與O之二命題。故吾人如謂「若干人忠信也」。必不可視爲暗示「若干人不忠信」之他命題。卽吾人必但以忠信之賓語、加諸若干人。而置餘人於不問也。因之吾人之駁斥一特別命題也。亦決非暗示同性之普徧命題之眞實。如吾人駁斥「若干人合死」之命題時。似出於「人皆有死」之根據。然苟從此根據。則其所駁斥之命題。應爲「若干人不死」之命題。而非「若干人合死」之命題也。以吾人之駁斥「若干人長生」之命題時。意謂「無人長生」。而駁斥「若干人不死」之命題時。意謂「人皆有死」故也。

夫比較命題。而由其所示之事物、以分命題之材質爲必然偶然不能然三種。此辨學家之所有事也。必然之事。得常對之而應用命題A。不能然之事。得常對之而應用命題E。至事物之不能常對之而應用普徧命題者。謂之偶然之事物。而I與O得應用之。如吾人謂「彗星從重力之法則」。此雖爲一廣莫之命題。然得解爲命題A。以自然科學之一部中、此法則實爲必然之法則。故但「人忠信也」之命題。則當解爲特別命題I。以此事實爲偶然之事故也。下所述之眞理。甚爲明顯。

就必然之事。A與I眞而E與O妄也。

就偶然之事。I與O眞而A與E妄也。

就不能然之事。E與O眞而A與I妄也。

就實際言之。則辨學上之此部分。實非辨學所固有。何則、吾人論命題時。實無權利以預想吾人能知所關係之科學。即命題之材質故也。辨學之義務。在就所與之命題、而披露其精密之結果耳。即人必於辨學中、能由種種方法以變化知識之形式。但不能加以他學之事實也。

第十章　命題之轉換及直接推論

所謂推論者。謂自一眞理而推演他眞理。或自一命題而移於他命題者也。赫彌爾敦有言。推論者、以前判斷中所含者。達之於最後之判斷。是也。辨學之眞正之範圍。在教推論所必由之原則。而上文之論名辭及命題。不過使吾人由此以知推論之作用而已。雖辨學家之論何者當含於推論之意義中、何者則否。其意見不盡相同。然無論何人。就吾人見水滴之在地而知有雨。皆以爲其中有推論之作用存。但此乃稍複雜之推論作用。而當於下文歸納法章論之。至就吾人之自開姆白利忌公爵爲元帥之命題、而入於元帥爲開姆白利忌公爵之命題。則鮮有以爲出於推論之作用者。其實不然。故吾人於此章當列舉自單純命題AEIO、而移於他命題之種種之道。知其中亦有此作用存焉。

吾人易置命題之主語及賓語時。謂之轉換一命題。但欲自未轉換之命題、而推論已轉換之命題也。有不可不守之二規則。(一)命題之性質、肯定或否定必須保存。(二)名辭之在未轉換之命題中未嘗分配者。於已轉換之命題中、斷不可分配是也。

吾人就「一切金類皆原質」之命題、而但顛倒其名辭。則其命題爲「一切原質皆金類。」而暗示吾人對一切原質、有一種之知識。然由上章之說。則A之賓語固未嘗分配。而在未轉換之命題中、吾人固不能有一切原質之知識。故就此命題所能推測者、爲「若干原質乃金類」之命題。此命題始合於上文之規則。而吾人之自A入I之作用。名之曰限制之轉換。

如已轉換之命題之形式、全合於未轉換之命題。則其轉換之作用。名之曰單純之轉換。如吾人由「若干金類爲脆質。」而推「若干脆質爲金類」此際所有名辭。皆不分配。卽但自I轉換而爲I也。

且吾人得自「無金類爲化合物」之命題、而入於「無化合物爲金類」之命題。以此等命題、皆爲命題E。而其中之名辭皆分配故也。歐拉之圖形（圖形三）明示之。卽謂苟一切金類、而與一切原質分離。則一切原質、亦必與一切金類分離。如此故命題E但轉換而爲命題E也。

但欲轉換命題O。則有艱困之處。以此命題之主語本未嘗分配。然轉換之後。則其主語將爲否定命題之賓語。而在否定命題中。其賓語必分配故也。舉一例以明之。如「若干存在之物非物質」之命題。如用直接之轉換法。則爲「一切物質皆非存在之物。」其虛妄不待說也。原其虛妄之所由起。則以「存在之物」之一名辭、分配於轉換之命題中。而於未轉換之命題中、未嘗分配故也。且轉換之命題中。其主語雖不分配、如云「若干物質非存在之物」。其轉換亦爲虛妄。故對命題O不能用單純之轉換及限制之轉換法。吾人所能斷言也。對此命題、唯得用否定之轉換法。卽先變未轉換之命題爲肯定命題。而後直接轉換之是也。如吾人不以連辭示否定之意。而於賓語中示之。則前命題變爲「若干存在之物乃非物質之物。」（此五字爲一賓語）更單純轉換之。

則其命題爲「若干非物質之物爲存在之物」此眞自前命題推測者也故命題O之轉換唯可用此特別之方法耳

對命題A尙有他種之轉換法謂之對峙之轉換自「一切金類皆原質」之命題自隨以「一切非原質（此三字爲一主語）非（此爲連辭）金類」之命題此命題之確實性驟觀之初不甚了了然一反省之（觀圖形五）則可知如一切金類而皆在原質中則凡非原質者或在原質之範圍之外者必在金類之範圍外無可疑也吾人如預想第二十二章亦得證明此對峙命題之確實性卽非原質而若爲金類則此非原質在第一之命題中必爲原質卽此必同時爲原質又非原質而從思想之法則（第十四章）則無論何物不能同時有此性質及無此性質故凡非原質者必非金類也

圖形五

原質
金類

於對峙之轉換中不無謬誤之處此種謬誤至第二十一章更爲明晰卽吾人自「一切金類皆原質」之命題易陷於「一切非金類皆非原質」之命題此命題不獨虛妄且第一之命題中亦未嘗暗示此也觀圖形五可知一物之在金類之範圍外者不必在原質之範圍外因其範圍實廣於金類之範圍故然普通生活中常不乏此謬論故

讀者當知對峙之轉換法。但存於以前命題之消極的賓語、為一新主語。而又普徧肯定之以前命題之消極的主語也。

對峙之轉換法。不能以此形式應用於特別命題I及O。亦不能應用之於命題E。但吾人苟變E為A、而使其賓語為消極之語。則始得而應用之。如「無人完全」之命題。得變之為「一切人類皆不完全」。（此三字為一名辭）然後可用對峙之轉換法而曰一切非不完全者非人也、但非不完全、意實與完全無異。故此新命題實無異於謂「一切完全者非人也、」或「無完全之物為人」。此命題E、即前命題之單純之轉換也。

此外又有不必轉換命題之名辭、而得自一命題而演繹他命題者。此之謂直接推理。託姆孫於其思想之必然律一書。曾明述之。

由反語之直接推理。存於自一肯定命題、而入於所暗示之否定命題。或自一否定命題、而入於所暗示之肯定命題。下表所示。乃得互相推衍之對偶之命題也。

A 一切金類皆原質也	I 若干人可信
E 無金類為化合物	O 若干人非可信者也

E 無人完全
A 一切人皆非完全者也

O 若干人非可信者也
I 若干人不可信者也

此等對偶命題之得互相推衍。觀上章之圖形自明。卽如金類之圓形、而全含於原質之圓形中。則斷不能有一部分出乎此圓形外、而爲化合物也。且以上各命題。皆得轉換之。但其結果與上文所得者無異。「無金類爲化合物」之命題得由單純之轉換而爲「無化合物爲金類」之命題、或爲「無非原質（此三字爲一名辭）爲金類」之命題。此卽「一切金類皆原質」之命題之對峙之轉換也。又自「若干人不可信者也」之命題。得由單純之轉換而得「若干不可信者人也」之命題。此又「若干人不可信」之命題之消極之轉換也。若應用此轉換法於「若干人非不可信」之命題。則得「若干非不可信者人也」之命題。又從「一切人皆不完全」之命題。得由限制之轉換、而謂「若干不完全者爲人」也。

由加語之直接推理。存於以同一之形容詞、加諸命題之主語及賓語。而使各語之意義。更狹隘更確定者也。而如此所得之新命題之眞理。實自舊命題之眞理出。不可忘也。

自「一切金類皆原質」之命題。得如此而推論「一切極重之金類乃極重之原質。」又自「彗星爲物質」之命題。得推論「可見之彗星乃可見之物質」也。然吾人若濫用此推理亦不免入於謬論。如從上例。則從「一切君主皆人也」之命題。得推衍「一切不適當之君主皆不適當之人也」之命題。然不適於爲君主者。未必不適於處他種之位置。其理固甚顯也。要之此際所加之形容詞。其在主語中也。較之其在賓語中意義稍異。唯所加之語。在賓主二語中有同一之意義。然後其推理始確實耳。故於比較的名辭、不得應用此種之推理。例如自「茅屋乃建築也」之命題。不能推「大茅屋乃大建築也」之命題。以吾人謂一茅屋爲大時。僅比較之於他茅屋。而非比較之一切建築也。

由複語之直接推理。甚與由加語之直接推理相似。而存於以一命題之主語及賓語、爲一更複雜之概念之部分也。卽自「一切金類皆原質」之命題。吾人得推論「數金類之混合物卽數原質之混合物」。自「馬爲四足動物」之命題。得推論「馬骨爲四足動物之骨。」但此新複雜概念。其在主語及賓語中也。有時其意義亦異。讀者不可不察也。如從「一切新教徒皆基督教徒」之命題。不能推論「新教徒之大半乃基督教徒之大半」又不能推論「新教徒中之最優異者卽基督教徒中之優異者也」。

此章所示種種命題之轉換及直接之推理。讀者所不可不知。而上文所舉之例實爲此而設也。若就同一之命題、（含同一主語及同一賓語之命題）而從其變化之次第、而終返於所出發之命題。以證明中間之變化之眞理。此乃最佳之練習法。唯應用限制之轉換法。不能更返於本來之普徧命題●而唯得相當之特別命題耳。

第十一章　賓性語區分、及定義

讀者於進步之前。不可不知名辭中之所謂賓性語之意義。賓性語者。謂一種之名辭常可爲主語之賓語者也。此等名辭、其類凡五、類種差別副性及偶性。是此數者苟適當用之。則於辨學甚有用也。但此書中不能詳舉古代作者就賓性語之詳論。但述其最簡易最有用者而已。

一羣之物之自二種或二種以上之物構成者。吾人名之曰類。原質一語。吾人苟自其得分爲金類與非金類二種攷之。則爲一類。三角形亦爲一類。以吾人得分之爲銳角直角鈍角三種故也。

其在他方面。則所謂種者。乃謂一羣之物。爲其上稍大之羣之部分者。故類與種之二名辭。乃互相對也。類爲稍大之羣之可以分者。種則類之分爲數羣中之一也。而類與種二者。不可不自其外延與內容之兩方面攷之。據第五章之解釋。則類與種之外延。不過指其中所含之箇物之數。而種中所含之箇物。常少於類中所含之箇物。故言乎外延。則書之一類。包括一切書籍。而不問其大小、言語、內容之何如。若但就其大小分之。則有二折、四折、八折、十二折各種。而此各種中。其所含之書籍。少於全類中之所含者、不待論也。

就內容之方面言之。則類之意義。非謂其所含之箇物。而但謂此等箇物之性質之和、足使之與他類相區別者也。所謂種者。亦謂種中所含一切箇物之性質之和。足與同類中之他種、及一切他物相區別者。由是觀之。則種所暗示之性質。必多於類所暗示之性質。而非有加入之性質。則此等諸種、決不能互相區別。有此等加入之性質。於是有差別。吾人始得下差別之定義。曰差別者。乃某性質或性質之和、使類中之一部分、與其中之他部分相區別者也。故差別一語。除就內容言之。則毫無意義。而苟攷一切名辭之內容。則吾人得謂以差別加諸類、則得一種。如吾人視「建築」爲一類。而又加以「用以居住」之差別性。則得「家屋」之一種。如視「三角形」爲一類。（有三邊之直線形）而又加以「有二相等之邊」之性質。則得「二等邊三角形」之一種也。

一羣之物同時得視爲一類。又得視爲一種。卽視此羣得分爲更小之羣時、則謂之類。而視爲更大之羣之一部時、則謂之種。此又理之甚易明者也。如三角形自其對二等邊三角形之關係言之。則爲類。而自其對直綫形之關係言之。則爲種。家屋本爲建築之一種。然自其對邸舍茅屋別業等言之。則又爲一類也。要之吾人實有類與種之一大串。各羣之事物。對上級爲種、而對下級爲類。如英國人民之一類中。有本國人殖民地人及歸化人各種。但此諸種。苟攷其中之男女二種時。則又爲類。而男女二種。又得分爲成人與未成人、有敎育者與無敎育者、有職業者與無職業者。而就此諸種。又得進而分之。且此等分析得行之而達於外延極狹之一種。此種但可分之爲箇物。而不能再行第二次之分析。謂之最低之種。而全串之類與種。謂之從屬。以其各屬於他故也。若有一類而不得復視爲種、卽不復爲更高之類之一部者。謂之首類。又謂之最高之類。亦謂之最普徧之類。然吾人果能就類與種之一串、而加以界限否。亦尙可疑問者也。英國人民之爲類。決非首類。以其爲人類之一種。故而人類又爲動物之一種。動物又爲生物之一種。如此遞推、以至於無窮。如吾人必求眞正之首類。則當爲「存在」或「物」。此乃吾人所用以示物之含於一切科學中者之最高之類也。又如物質爲化學中所攷察之首類。三島住民。爲英國戶籍中所紀述之首類。辨學上之名辭。但爲言語中之一種。然自辨學上攷之。則爲首類。而文法家所攷察之品詞及言語單語及字母之關係。皆辨學上所不問也。

許多有用之言語。往往自類與種之二語導出者也。如一物有特別之形狀性質、而不類於他物。因之不能歸於他物之類中。吾人謂之「自爲一類」。如土星之光環與他天體中之物全異。謂之自爲一類可也。在動物學中、如澳洲之鴨嘴獸。及溫帶海中之魚形蟲。其狀甚奇。亦得謂之自爲一類。又如一物質之各部分皆同、或一羣之事物無不相同。則謂之同類。否則謂之異類也。

然種與類二語之在辨學上之意義、與其在博物學上之意義。讀者不可不嚴別之也。其在博物學上。則種之一語。謂草木或禽獸之一羣之自一祖出、而有一定之形狀者。類則其稍高於此者也。但吾人苟從達爾文之種源論。則知上文之定義。不免幻妄。以由達氏之說。則相異之類與種。必自一公共之祖先出故也。由是種之一語。不過博物學家用以表一羣相似之事物之偶稱。而不能精密定其意義。故此語之用法。全與其辨學上之用法無涉。而其辨學上之用法。則凡一羣之事物之視爲種者實預想此其之爲更大之羣（即類）之一部分。此外別無他意義也。

其次可爲賓語者副性是也。然欲就副性而下一不可動之定義。頗不易易。約而言之。則副性者、雖爲一羣之物所公有。然不必使此羣異於他羣。如吾人以「三內角之和等於二直角」。爲三角形之副性。此乃顯著之事實。而爲一切三角形之公性。然吾人不以此爲三角形之定義。則以「有三直線邊」一語。已足以區別三角形而有餘矣。且幾何學上各形之副性。其數不可枚舉。歐儿里得之第二書、皆證明長方形之副性。而其第三書、則證明圓形之副性。而吾人平時所謂副性。亦不問其屬於他物與否。與幾何學上無異。圓形之某副性。亦屬於橢圓形。人類之某副性、如記憶及忿怒等。亦屬於他動物也。

辨學家常分副性爲種種。自吾人觀之。則但分爲下數種足矣。卽所謂特別副性者。乃但屬於一羣之全體。而此外並無他屬。如笑之但屬於人類。及以所與之長之一綫包最大之空閒。但屬於圓形是也。若一副性而非特別。則其得屬於彼物也。亦與得屬於此物無異。於是吾人得更進而立類副性之名。（卽屬於類之全體者）以與種副性（卽屬於最低之種之全體者）相區別也。

若夫偶性。則謂某性質之屬於一羣之事物與否。與此羣之他性質、毫無影響。卽謂此種性質。乃出於偶然。而與物之本性無必然之關係者也。如三角形之大小。自其幾何學上之性質言之。則全屬偶性。何則、以三角形之邊。不問其爲英寸之十分之一、或爲百萬英里。然歐几里得所證明者。於二者中無不確實也。人之生長之地。乃偶然的。與其所服之衣、所處之位置無異。某辨學家又分之爲可離之偶性與不可離之偶性二者。如所服之衣、所處之位置等。屬於前者。而得時時變更之。但其所生之地、所命之名、與其身之長短。則爲不可離之偶性。以此等雖與其人之本性無必然之關係。然不能變更故也。

就賓性語之分類。辨學上往往用樸爾斐利之樹表之。此乃古代希臘辨學家樸爾斐利所發明。以爲分類之標本者也。吾人於此錄此圖形。而翻譯其拉丁語。且刪其蕪詞。以使此圖更歸於簡易耳。

吾人於此樹中。得觀類與種之連續。本體、物質、生物、動物、及人類是也。其中本體爲最高之類。以其不視爲他類中之一種。故人類爲最低之種。以此種不能分爲爲更低之種。而僅得分爲箇人。如蘇格拉底柏拉圖等是也。

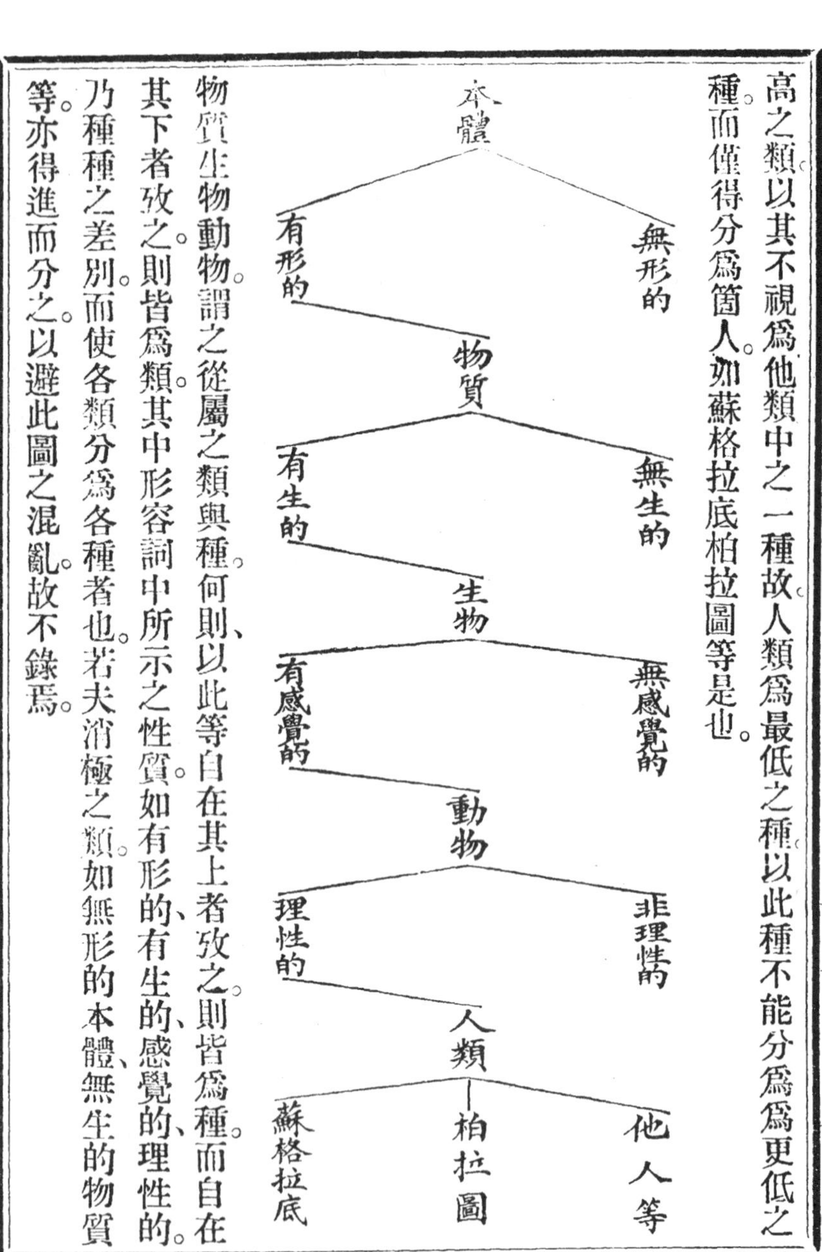

物質生物動物。謂之從屬之類與種。何則、以此等自在其上者攷之。則皆爲種。而自在其下者攷之。則皆爲類。其中形容詞中所示之性質。如有形的、有生的、感覺的、理性的。乃種種之差別。而使各類分爲各種者也。若夫消極之類。如無形的本體、無生的物質等。亦得進而分之。以避此圖之混亂。故不錄焉。

所謂辨學上之區分者謂區別搆成一類之各種是也。如吾人區分書籍。而視書籍之一類、自二折四折八折十二折等種種之書籍搆成。則此際書籍之大小。實爲區分之基礎、或區分之原理。而其所據以爲區分之基礎之某性質或某狀態。必存於若干物、而缺於他若干物中。卽其在一類所含之各種中。其程度不一也。故類性質之見於一類之全體者。必不足以爲區分之用。故區分時所必要之法則有三。

(一)搆成一類之各種。必互相拒斥。

(二)對搆成一類之各種行以加法。必等於全類。

(三)區別之時、必據某基礎或某原理。

今若分書籍爲二折四折法文德文字典等。則其可笑甚爲明顯。何則、此等種類。常互相交錯。而法文或德文之字典。得發見於二折或四折之書籍中。卽一書籍得兼有上述之三條件。故此種區分。謂之錯綜的區分。以其所據以爲區分之原理不止一端而時時生淆亂故也。又吾人若分直線形爲三角形平行四邊形長方形及四邊以上之多角形。亦易生種種之謬誤。卽(一)平行四邊形及長方形二種。非互相拒斥。何則、一切長方形。必爲平行四邊形故也。(二)所列舉之各種。不與直線形之類相等。何則。以不規則之四邊形卽非平行四邊形。尙爲所遺漏故也。且(三)此際所據以爲區分之原理有三。(一)邊之數。(二)邊之方向。(三)所含之角。此又背於區分之第三規則者。也若吾人更視各種爲類、而進而分之。則又不可不應用新原理。今吾人若從上述之三規則。而區分直線形。則如左。

直線形
- 三邊——三角形
- 四邊——四邊形
  - 邊之平行者——平行四邊形
  - 邊之不平行者——無法四邊形
- 四邊以上——多角形

此際所據以爲區分之原理者。爲邊之數。而其區分四邊形也。則以邊之平行與否。但對三角形等不可行第二次之區分。今吾人若更進而區分平行四邊形。則當以邊之性質與角之大小爲其區分之原理。如

平行四邊形
- 相接之邊之相等者
  - 直角者—正方形
  - 非直角者—斜方形
- 相接之邊之不相等者
  - 直角者—長方形
  - 非直角者—斜長方形

辨學上最完全之區分法。則各類當以其差別而分爲二種。上文所紀之樸爾斐利樹。卽其模範也。此種區分謂之二部法。又謂之完全區分。以其常從區分之第二規則。而預想類中所含之一切種毫無遺漏故也。蓋從下章所述思攷之法則則各物苟非有某性質、卽無此某性質。而各物不入於一類之一部中。必入於其他部中。此完全區分之作用。對下文二十二章之所述。最爲重要。然實際上則非時時必要也。如吾人分直線形如左。

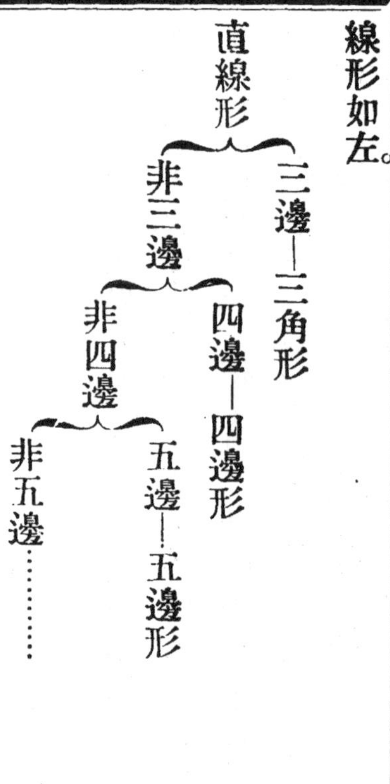

可謂無用之長分類也。

夫各形之於三四五六或六邊以上之各種中。必居其一。而無一形能屬於二種。故吾人可卽列舉三角形四邊形五邊形六邊形等。而不必用上文之區分法。故於此際用二部法。不但無用、而且可笑。以吾人於簡易之區分中。更易觀察區分之規則故也。但就不甚確實之知識。苟不用二部法。則易陷於疎忽。如吾人分世界人民爲三種。卽阿利安人斯邁特人及託蘭人。則當發見一人種不屬於上三種時。未有不爽然自失者也。故其區分之也。不得不如左。

人｛阿利安人／非阿利安人｛斯邁特人／非斯邁特人｛託蘭人／非託蘭人

如此、則苟有新發見之人種。可入於末一項中。以此項既非阿利安人斯邁特人。亦非託蘭人故也。一切博物學家之區分。非由此法。往往不免於誤。如分有脊動物爲獸鳥爬蟲魚類。若苟發一新有脊動物不屬於上四者。則其區分全無效也。吾人於區分上有更宜注意者。則區分時不可自高且廣之類、而卽入於低且狹之種。卽區分時不許超躍是也。故所區分之種。必爲次於類者。如吾人分直線形爲有平行之邊及無平行之邊二種。其不便孰甚。然行第二次之區分時。亦得據以爲原理也。辨學上之區分。不可與物理學上之區分相混。夫物理學上之區分。乃視一箇物自其部分成立。如一樹之有根幹枝葉也。此外又有所謂形而上學之區分者。則視一物爲諸性質之集合體。而於思攷中分析之。如吾人分一橘之形色臭味等。皆與此書所謂區分。全不相涉者也。

與此章所述大相關繫者。則辨學上定義之作用是也。夫所謂定義者。乃吾人斷定物之公共之性質或記號、屬於所與之一羣之物者也。吾人於此、當以最簡畧之語述此羣之物。所以與他羣之物相區別之性質。而於概念之分類中定其所固有之位置。故當視此羣爲一種。而以其上之類與差別相加。但此際所謂類者。指其內容言之。卽謂性質之屬於類之全體、而足以使此類與他類相區別者。若夫差別。則但示此類之一部分。二者相加。遂得此種之完全之定義。顧吾人於定義中。不可述無益之性質。如一性質爲偶然性質、而不屬於此種之全體。則其定義陷於太狹。如下四邊形之定義曰有四相等之邊是也。如一性質雖屬於種之全體、而但爲副性。則亦與定義毫無影響。如吾人下平行四邊形之定義而曰「四邊之直線形、而其相對之邊相等、相平行、其相對之角亦相等。」吾人於此已加以二種之副性。卽相對之邊與角之相等。乃邊之平行之必然之結果。故但使其定義複雜。而不能使之更精密也。

辨學上常述定義之規則。下定義時不可不注意也。

(一)定義必述所定義之種之要性。而所謂要性者。卽在其上之類與差別是也。

(二)定義中不可含所定義之之名。夫所以需定義者。以欲使其物爲吾人所知也。苟此物而爲吾人所未知。決不能由此物以知此物。故背此規則。則陷於定義之循環。以此種定義。使吾人自此語出、一循環而仍歸於此語故也。吾人於定義中、苟用一語。而此語之意與所定義之物相等者。亦往往陷於此種之謬誤。如吾人下草木之定義曰「有機體之有植物的生活者。」或下原質之定義曰、「純一之質」是以植物等於草木而純一之質等於原質故也。如吾人下金類之定義曰、「物質有金類之光澤者。」則亦陷於此誤。如以廣義解金類之光澤。而謂得屬於金類以外之物。則又背次之規則也。

(三)定義必等於所定義之種。而不可較其種或廣或狹也。卽定義必示其所定義之種之全體。且唯示此種之全體。而不可超乎其外。此卽定義之意義也。

(四)定義中不可用曖昧比喩及淆亂之語。易言以明之。則一名辭之用於定義中者。必爲吾人所深知。不然。則背於用定義之旨矣。以吾人所更不能知之語、爲所不能知之物之定義。更惡於無定義。雅里大德勒下靈魂之定義。曰「有機物之第一形式。而有可能的生活者。」實不免此非難也。

(五)定義凡可以積極命題表之者。斷不可以消極命題表之。然此規則非如上四者之不可離也。

第十二章　巴斯喀爾及特嘉爾之方法論

人知之精密及完全。殆無有逾於法國之巴斯喀爾者。彼於千六百二十三年生於法國之奧范爾恩。幼時已顯偉大之性質。彼幼時好幾何學。其父尼之。然以天才及勤學故。僅十二歲。不階師長及書籍之助。而發見歐几里得第一書之命題若干。彼之大名所以垂於宇宙者。由其數學上之發見、抑由其計算器之發明、抑由其駁奇休衣德派之書翰、抑由其所著「攀恩西斯」一書。吾人所不能驟決也。

彼之思想中有關於辨學上之方法論者。乃其「攀恩西斯」一書中之第二篇。其題曰「就一般幾何學之反省」。凡論方法者。其思想之確實、與言語之明晰。殆未有逾於此者也。故吾人於此章當意譯此篇。而補之以樸德祿約爾辨學中所述之規則、及特嘉爾之方法論焉。今先述巴氏之語如左。

「眞正之方法、吾人所用於證明者。苟得完全用之。必不可不從二種之大規則。(一)

名辭之意義之不能說明者。(二)命題之不能從既知之眞理證明者皆不可用之。一言以蔽之吾人必定義一切名辭。必證明一切命題是也。但吾人欲知現在所述之方法。不可不先知所謂定義者焉。」

「吾人於幾何學中所見之定義。辨學家所謂名目的定義也。卽此等定義。唯以一名加諸數熟知之名辭所表之事物。予之所論。亦但此等定義耳。」

「其價値及功效之所存。在以一名表物之非一語所能表者。而視此名於所表之物外、無他意義。而專爲此物而設者也。」

「試舉例以明之。如吾人欲使數之得分爲相等之二部分者、與不能分爲相等之二部分者相區別。而又不欲反覆述此區別。則以一名與之。卽謂各數之得分爲相等之二部分者爲偶數是也。」

「此乃幾何學的定義。以吾人既明示一事物、(卽數之得分爲相等之二部分者)而與之以名。又消除此名所能有之他意義。而專用之於所定之意義故也。」

「故定義之爲物。似極爲自由、而不至陷於矛盾。以吾人以某名加諸所明示之事物。固人人所當許可者也。其所宜注意者。則吾人不可濫用命名之自由權。而以一名加諸相異之二物。但苟能區別其結果。則雖此亦未始不可許也。如吾人陷於謬誤時。倘有最確實之治療法。卽吾人常於心中以所定義之事物代定義。卽常視偶數爲得分爲相等之二部分之數。而使此二者固結於思想中。則固無自而生謬誤也。」

「幾何學家及一切從方法而研究者。其以名加諸事物也。非所以減少或變化言語中所含事物之觀念。不過用以節言語而避長言所生之淆亂耳。」

「故欲防詭辯之虛妄。無踰於此方法者。此吾人所當常用而唯此始足以破一切疑問及淆亂者也。」

「學者既熟知此事。余當返而說明眞正之方法。卽上所謂定義一切事物及證明一切事物是也。」

「此方法固爲一最優之方法。然吾人果能在在用此方法否歟。夫第一名辭、吾人所欲以定義加之者。不可無他名辭在其前以說明之。第一命題、吾人所欲證明者。不可無他命題在其前以爲證明之根據。故吾人之不能達第一名辭及第一命題。固無可疑也。」

「故吾人若進求之而不已。必遇名辭之不能加以定義者。與命題之不能證明、亦無俟證明者。故一切科學。不能以完全之方法研究之。固自明白。然若因此而遂欲廢各種方法。則又大不然者也。最完全之方法之利於人者。不存於定義一切事物、及證明一切事物。亦不存於不下一定義、及不行一證明。而存於其中間。卽事物之爲人人所深知者。不必與以定義。眞理之爲人人所深知者。不必加以證明。此外則無往而不需此二者。由此方法。則知世之欲定義一切事物證明一切事物者。與不下一定義不行一證明者。皆大誤也。」

由巴氏之言觀之。則知吾人決不可用言語之不能終求諸事物者。何則、以此等語之定義中。不可不需他語。而他語又不可不需定義。卽不可不需他語以定義之。如是進而不已故也。又吾人所用之言語。不必盡已有定義者。如吾人以乙爲甲之定義。丙爲乙之定義。丁爲丙之定義。而又以甲爲丁之定義。則陷於定義之循環。此乃最大之虛妄。卽使吾人自謂已得甲乙丙丁之知識。而實不知一物故也。

巴氏之幾何學上方法之見解。括於下文之規則中。此乃彼之樸爾德祿約爾辨學所載者也。

(二)名辭之曖昧淆亂、而未有定義者。決不可用之。

(二)定義中但可用熟知或已說明之名辭。

(三)唯真理之完全明瞭者。然後得視為公理。

(四)一切曖昧之命題。其證明之也、唯可用既有之定義、已認之公理、及命題之已證明者。或就所證之命題所示之事物、而作圖以明之。

(五)凡名辭之淆亂者。當以其定義之限制之或說明之者、暗代之。

此等規則。易於制定、而不易於服從讀者之所易知也。雖幾何學家亦不必常合於其所預想之最簡之公理、及其所下之最善之定義。今日幾何學上就平行線之定義、及其性質之解釋。常有種種之見解。況他科學之確實性、不如幾何學者。欲於此盡從巴氏之規則。蓋亦難矣。除幾何學外、科學之最完全者。首推力學。然雖力學上最佳之著作。其所說亦不必合於力質能率惰性等語之定義。又證明力之合成之公理時。尚有種種之見解。然研究各科學時而苟不忘此規則。即定義一切名辭之可下定義者。及證明一切命題之可以證明者。則其得免於謬誤及淆亂。固自不待論也。

吾人於此當更述特嘉爾所定之規則、所以導理性以入真理者。其條目如左。

(一)凡事物之不能熟知其為真者。決不可視以為真。即吾人當力祛躁急與偏頗之弊。而於判斷中除事物之明瞭辨析。而更無挾疑之餘地者。決不可闌入之。

(二)吾人所研究之疑問。可分析者、必當分析爲各部分。

(三)吾人之思攷、必不可無秩序。卽始於最簡易之事物、而漸進於複雜難知之事物。

(四)無論何時吾人之計算不可不完全。見地不可不廣博。而務不使遺漏一物。

此等規則。特嘉爾於其有名之方法論始述之。彼於此書中自述其指導理性及進求眞理之方法之意見。此書僅一小册、法語之原本容易求之。微區氏又譯之爲英語。讀者能一讀之。甚有益也。夫欲時時從特嘉爾及巴斯喀爾之規則。固有所不能。然吾人當研究一科學時。不可不持此理想也。

第四篇　推理式

第十三章　思想之法則

議者於研究推論之公共形式、卽推理式之前。不可不知所用以推理之最簡之法則。此種法則、示最簡易之眞理。此人人之所服從。而又得應用於一切吾人所能知之觀念者也。吾人非從思想之三根本法則。其思想不免自相矛盾。今列舉之如下。

(一)同一之法則、　凡如是者如是也。

(二)矛盾之法則、 無物能如是兼不如是。

(三)不容中立之法則、 各物必如是或不如是。

雖此等法則甚爲明顯。故洛克諸人皆目笑之。然學者於初學時、恐未必能解其完全之意義、及其所以重要也。吾人於二十二章當論前此辨學家之蔑視此法則、且旣立此法則後、則一切議論皆得以最易之道說明之。吾人卽謂苟以此等法則爲關鍵。自可通辨學之全體。亦非過也。

就第一法則言之。則吾人所下同一之定義。殆無有著於此者也。有尙不解同一之意義者。則正告之曰、一切事物與其自己相同可也。

至第二法則。則有不可不詳加攷察者。此法則之意義。謂無論何物。不能同時同地兼有互相矛盾之性質是也。一頁之紙、其一部分黑而他部分白者有之。或一時白而他時黑者有之。然謂今有一紙、同時同地旣白且黑。則吾人之所不能知也。一戶能閉於旣開之後。然不能開閉於同時。水之溫度、一手感爲溫、而他手或感爲涼。然以一手試之。不能同時兼有溫與涼之感覺。又無論何性質不能同時隱而且見。此乃最簡易最普徧之眞理。而得應用於一切事物者也。物之不能異於自己。乃其眞正之性質。吾人卽謂一切虛妄及謬誤生於蔑視此法則無不可也。故一切議論及推理之暗示矛盾之性質者。吾人必視之爲虛妄。而苟背此法則。卽虛妄之記號也。以例示之。如鐵爲金類、金類爲原質、則鐵亦必爲原質。如謂鐵兼有不能相容之二性質。（金類兼爲非金類）則謂之無物焉可也。

至不容中立之法則。則此前二者更不易解。讀者於研究之初、殆不能知其重要之等於前法則也。此法則之意義。謂吾人非許某性質或屬於一事物、或不屬於此事物。則就事物與性質。均不能贊一辭。故此法則實示此際無中立之道。而吾人之解答。非「是」則必「否」也。假使一事物爲石、而一性質爲剛。則石於「剛」或「非剛」中必居其一焉。金必爲「白」或「非白」。線必爲「直線」或「非直線」。行爲必爲「德」或「不德」。卽吾人不知所用之名辭之意義時。猶得從此法則而斷之。夫專門之化學家。猶不能定釩之爲金類或非金類。然無論何人。能知其於二者中必居其一焉。讀者雖不知擺線與均一曲線之爲何物。然猶能斷擺線苟不爲「均一」曲線。則必爲「非均一曲線」焉。

不容中立之法則。至被駁時而始明。難者曰、石之性質、非必常爲剛或柔也。亦有介於剛與柔之間者。此種非難。實使吾人知此法則之重要。蓋不容中立之法則所斷定者。非「剛」與「柔」、而但爲「剛」與「非剛」。如讀者以「柔」代「非剛」。則混視反對名辭與矛盾名辭矣。夫物固有不剛不柔而介於二者之間者。然此物苟不能謂之剛。則仍可應用此法則。以此物雖不得謂之「柔」。猶得謂之「非剛」故也。他物亦然。水必爲「溫」或「非溫」。但不得云必爲「溫」或「寒」。何則、「非溫」一語。固於寒外兼指非溫非寒之中等溫度故也。故此際程度與分量之問題。不可不從辨學上之問題中分別之。蓋就事物或性質之程度言之。固有若干之別。溫水之差別、得自華氏表之七十度而計至百二十度。幾何學上之推理亦然。歐几里得於幾何原本中常出自明之眞理、而謂某線之大於他線、或等於他線、或小於他線。然數學之有三種之別者。其在辨學上則僅有二種。今以一線比較他線時。則可知二學之區別也。

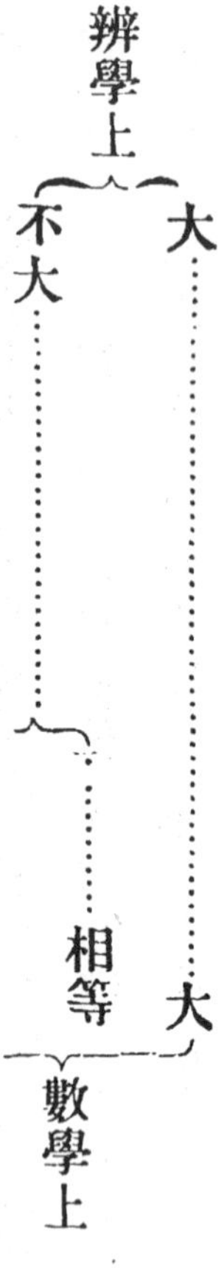

辨學上：大……大；不大……相等

數學上：大、相等

他種之定難。亦足使吾人知此法則之重要。今假以德性爲一事物。而三角形爲一性質。則吾人得從不容中立之法則、而進而斷之曰德性必爲三角形或非三角形也。驟而觀之。則此種論斷。甚爲謬妄。以非物質之德性。與物質之占空間而有某某形狀者。全無相似之點故也。然其所以視爲謬妄者。非由此法則之虛妄。而由誤解「非三角形」一語之意義故。如吾人謂一物爲非三角形時、暗示此物雖非三角、而亦具某種之形。則自不能以「非三角形」之語。加於德性也。然辨學上不能許此種之暗示。而所謂非三角形者。不但指異於三角之形。亦兼指事物之無形狀可言者。故對非物質之德性等。亦得而應用之焉。

此三大法則。其應用於事物也。有普徧及必然之確實性。而爲一切推理之基礎。夫一切推理。皆自某判斷出。而判斷之作用。存於比較二事物或二觀念、而發見其相符合與否。即二者果於性質上同一否也。而思想之法則。實示吾人以此種同一之眞意義。但吾人於議論或推理時。亦需附加之法則。(或公理亦云自明之眞理)今述之如下。

（一）二名辭皆符合於第三名辭。則此二名辭互相符合。

（二）二名辭中其一名辭合於第三名辭。而其他名辭不合。則此二名辭不互相符合。

此等自明之眞理。普通謂之律令、或推理式之根本原理。不問符合之種類如何。皆得應用之者也。就第一章所引之例。則「最有用之金類」之名辭、與「最廉之金類」之名辭、皆與第三公共名辭「鐵」相符合。此乃第一律令之一例。而其符合存於完全之同一性。至「地球」「行星」及「物體之旋轉於橢圓軌道者」之三名辭。則其符合不甚完全。以地球不過行星中之一、而行星亦不過天體之旋轉於橢圓軌道者之一。而此種天體、除行星外、尚有衞星彗星流星雙星等故也。至第二律令。則應用於不符合之處。如次例。

金星行星也

行星不自發光

故金星不自發光

此中之第一命題。示金星與行星之有符合之處。與上例中地球之於行星無異。然第二命題。則說行星與自發光之物體之不相符合。吾人由是得推論金星與自發光之物體之不相符合。但讀者所當注意者。則自二不相符合之命題。吾人不能推論一物。如下之推論。其謬妄明矣。

狠星非行星也

行星不自發光

故狠星亦不自發光。

此中之二前提皆眞實。然其結論則虛妄。以一切恒星皆自發光故。故吾人得述第三律令如左。

(三)二名辭皆不合於第三名辭。則此二者或互相符合、或不互相符合也。

數學上自明之法則。其性質甚與辨學上之律令相似者。乃一切數學上之推理之基礎。通常謂之公理。歐几里得之第一公理、曰「數物之等於一他物者、乃互相等。」此得應用於線之長短、角之大小、平面、立體、數等。今如有甲線與乙線皆等於丙線。則此二線必互相等。如

甲————　上圖。雖歐几里得未述公理之與第二及第三律令相當者。然幾

乙————何學中實暗用之。如甲線等於乙線、而乙線不等於丁線。則甲線亦必不等於丁線。以公理之形式表之。則二物中之一、等於第三物。而其他不等。則二者不相等是也。又如甲線與戊線皆不等於

丙————

丁————丁線。然二線不互相等。甲線與乙線亦皆不等於丁線。然二者則

戊————

互相等。吾人於此、得明知二物之皆不等於第三物者。此二物或相等或不相等也。

由上文觀之。則一切推理中、至少亦必有一符合之命題。若符合之命題有二。則得推論第三符合命題。若有一符合命題一差別命題。則得推論第二差別命題。然若有二差別命題。則不能由之以達一定之結論。此等自明之眞理。吾人於下章得由之以說明推理式之規則焉。

然辨學家不但用此等律令而已。又常以相同之眞理、納諸相異之形式、以成一公理。雅里大德勒所謂對一切物及無物之議論是也。此一公理或一雙之公理。恒表之如下。

凡爲分配之名辭之賓語者。不問其爲肯定或否定。亦得如是而爲含於此名辭中者之賓語。

略言之。則曰

凡屬於高種類者亦屬於低種類。

若以普通之言語表之。則此公理謂凡得加諸一種類中之全體者。亦得加諸此種類中之某部分。不得加諸一種類之全體者。亦不得加諸此種類之某部分是也。卽吾人所得應用於一切行星者。亦得應用於地球金星木星及他行星。如謂行星旋轉於橢圓之軌道。則此性質亦得加諸地球金星木星等。更就此公理之消極的方面言之。則吾人苟否定行星之自發光燄。而又知木星爲一行星。則亦得否定木星之自發光燄。吾人苟一攷此公理。則知其積極的方面。不過第一律令之不甚完全不甚普徧者。而其消極的方面。亦不過第二律令之變形而已。何則、此種公理、唯應用於特別之二名辭。其一名辭爲小種類之名。而其他名辭則爲含此小種類之大種類之名故也。辨學家往往忽視此區別。但吾人於此不能詳論之耳。

辨學家中有於思想之三法則外。更加以第四法則者。所謂充足理由之法則是也。拉衣布尼志曾表此法則如左。曰、

無論何物。必有其所以如是而不如彼之理由。

以例示之、今有一天秤於此。其各邊無不相同、而其法碼亦精密相等。則必不動而維持其平均之態度。何則、以此際無偏墜之理由故也。夫一物體苟以相等之力、自相異之方向加之。則其動於各邊也必相等。此固力學上根本之預想。以此際向一邊之運動。無大於向他邊之理由故也。然曼珊爾及赫米爾敦等、皆以此法則雖爲自明之法則而辨學上無容此法則之餘地。要之此種疑問。不必於此詳論之也。

吾人於此章中多用公理之語。茲當進而明其意義。哲學家之對此語之眞意。常持種種之見解。然此語大抵表自明之眞理、即眞理之性質至簡、而不容不視爲眞。且不能以更易之命題證之。而必視爲證明之基礎者。數學之用此語。亦同此意義也。

第十四章　推理式之規則

所謂推理式者。乃間接推理之公名。夫間接推理。謂以一中名辭或第三名辭推論者。以與不用中名辭之直接推理相區別者也。

當吾人不能直接比較二事物、而唯能以此二事物分別比較之於第三事物時。則吾人除用表此二事物之二名辭外。恒用表第三事物之中名辭。今有二屋於此。吾人不能直接比較其大小。而唯能以尺度分別量之。此尺度即爲二屋之公共標準。而使吾人得精知此二屋之廣袤也。又若有二堆之棉花於此。而欲比較其性質不必移二者於一地也。但取一堆中之少許、以代表此堆之性質而與他堆相比較。而視此少許之與他堆相符合與否。即得知此二堆之性質之符合與否焉。然推理式所用之中名辭。雖與前例相平行、而不必盡同。以例示之。如吾人欲斷定鯨魚之胎生與否而無機會以直觀此事實。則吾人苟但知「鯨之爲獸」而又知「一切獸皆胎生」則吾人即得斷「鯨爲胎生」。而就推論上言之。則「胎生」與「獸」之意義不必細詰也。此「獸」之名辭。即辨學上所謂中名辭也。

推理式之語。意謂結合二命題於思想中。其源出於希臘語之 syn（合併之意）及 Logos（思想之意）、而與計算 Computation 一語相當、即合而思之之意也。吾人於一推理式中實結合二前提（前置之命題）於思想中。而由其中所含之中名辭、以推論第三命題（即所謂結論）者也。故吾人得下推理式之定義曰。吾人思想之動作、自所與之二命題而入於第三命題者也。此第三命題之真否。實視所與二命題之真否以爲斷。而以言語表此思想之動作時。謂之曰推理式。

推理式之規則。本於上章所論思想之三大法則及律令。而此等規則、實精密教吾人於何地位中、自二命題而推論一命題者也。其數如左。

（一）凡一推理式、必有三名辭。而唯限於三名辭。

此三名辭、謂之大名辭、小名辭、及中名辭。

（二）凡一推理式、必有三命題。而唯限於三命題。

此等命題、謂之大前提小前提及結論。

（三）中名辭至少必一度分配之。且必不可淆亂。

（四）名辭之未嘗於二前提中之一分配者。於結論中必不可分配之。

（五）自二否定之前提。不能行推論。

（六）如一前提爲否定命題。則結論亦必爲否定命題。自其反而言之。則欲證明一否定結論。其前提之一、必爲否定

由上文之規則。吾人得演繹稍次之二規則。

（七）自二特別之前提。不能得一結論。

（八）如一前提爲特別命題、則其結論亦必爲特別命題。

此等規則皆極緊要之規則。學者不但當精知其意義。且當銘之於記憶者也。下文當

就其意義及勢力言之。

夫推理式者、在以中名辭比較二名辭。故其中所含者。不能少於三名辭。亦不能多於三名辭。今使一推理式中而有四名辭、若甲乙丙丁。而吾人以甲與乙相比較。丙與丁相比較則吾人於甲與丁間。不能求其公共之媒。若欲使甲與丁得互相比較。不可無第二之推理式。卽先以甲及丙與乙相比較。然後可以以甲及丁與丙相比較也。

凡名辭之不見於結論中者。吾人得由是性質、而知其爲中名辭。至大名辭、則往往爲結論中之賓語而小名辭則往往爲其主語。其所以名之曰大與小者。以在普徧肯定命題A中其賓語之範圍。必大於主語故也。如「一切人類皆合死者也」之命題中。「合死者」之名辭。實於人類外、兼含一切生物。而大於人類之名辭明矣。

且推理式必自大前提小前提及結論三者成立。所謂大前提、謂比較大名辭及中名辭者。小前提謂比較小名辭及中名辭者。而結論則但含大名辭及小名辭者也。最精密之推理式。大前提恆在小前提之前。然於尋常文字及談論中。往往不從此規則。然前提之含此大名辭者。不問其位置如何。必爲大前提也。

第三規則、亦一最要之規則。稍一背之。則生種種之虛妄。所謂中名辭至少必一度分配者。謂苟二前提中不能皆計及此名辭之全體。則必於一前提中計之。今有二命題於此。

一切法蘭西人皆歐羅巴人也

一切俄羅斯人皆歐羅巴人也

歐羅巴人

俄羅斯人

法蘭西人

第六圖

此二命題皆未嘗分配其中名辭。以二者皆肯定命題、而有不分配之賓語故也。夫法蘭西人之爲歐羅巴人之一部分、而俄羅斯人則爲其他部分。自歐拉之第六圖觀之。甚爲明白。故二者中實無眞正之中名辭也。此等命題、不能使吾人知俄羅斯人之爲法蘭西人與否。以不問二內圓形之相含與否。皆含於歐羅巴人之大圓形中故也。設又有二命題於此。

一切法蘭西人皆歐羅巴人也

一切巴黎人皆歐羅巴人也

吾人由此二命題。亦不能推論一切巴黎人之爲法蘭西人與否。以吾人雖熟知一切

第七圖

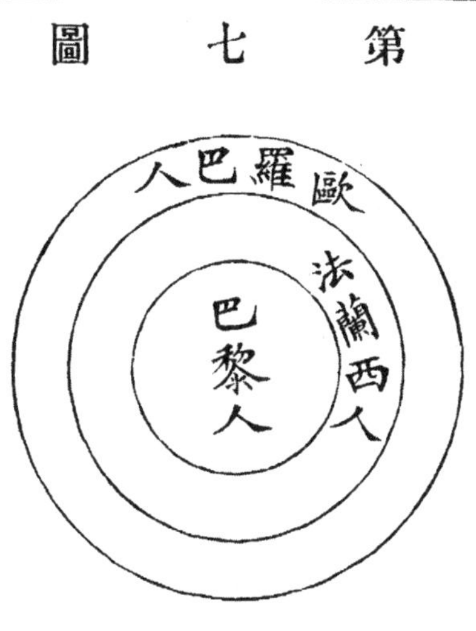

巴黎人之爲法人。然但自此二前提觀之。則表此二名辭之二圓形。或不如第七圖之位置。亦未可知。由此觀之。則一議論之前提或結論雖或眞實。然其議論自己、則或不免虛妄也。

就第三規則中之一部分、卽禁用淆亂之中名辭者。不必別有所說明。夫從第四章之說。則所謂淆亂名辭者。謂名辭之有二相異之意義。卽異名辭之有同一之形式者。由是而互相淆亂也。如吾人謂「一切金類皆爲原質、黃銅爲金類、故亦爲原質」此推理式中金類之中名辭。實有二種之意義。其一則化學家所謂純一之質之金類。其二則普通工業上所謂金類、卽金類之混合品而化學家所謂合金者是也。辨學書中所舉中名辭淆亂之例。學者類能辨之。然不可不攷察夫微妙而難辨者。如吾人謂「凡正行當以法律驅迫行之、慈愛正行也、故慈愛當以法律驅迫行之」。此際一命題中所謂「正行」謂輿論所視爲處社會必要之條件。而他命題中所謂「正行」則謂良心之所頌揚

者其意義之異。不可不知也

第四規則、謂名辭之不於前提中分配者。不可於結論中分配之。夫推理式之旨。不外以前提證明一結論。故一事物之未盡言於前提中者。不能盡言之於結論中。此自然之理也。如吾人謂「許多國民類能自治。而國民之能自治者、不肯從事制政府之法律。故一切國民、無從事制政府之法律者。」此際結論中之所言。溢於前提中所言之範圍。何則、以小前提中之小名辭「許多國民」不過一特別名辭。而於結論中則變爲普偏名辭（一切國民）故也。此種議論實爲虛妄。以學語言之。則謂之小名辭之泛濫。意謂處理小名辭之不當也。此等虛妄、甚爲淺顯。故蹈之者亦罕。

至處理大名辭之不當。則往往而有。以其虛妄之度。不如前者之淺顯故也。如吾人謂「一切英吉利人皆愛自由。法蘭西人非英吉利人。故法蘭西人不愛自由。」此論之虛妄、固自易見。然苟無辨學上之知識。不能說明其所以虛妄之故。吾人進而攷之。知愛自由之中。名辭未嘗分配於大前提中。故英吉利人必視爲愛自由者之一部。而法蘭西人之名辭。雖與英吉利人之名辭。不能相容。未必與愛自由者之名辭、不能相容也。（如第八圖）故此推理式之結論。實於反面分配其賓語。（即大名辭）而此大名辭之在大

第八圖

前提、中實未嘗分配。故有此虛妄也。下文之例、其虛妄更不易知。如云「少許之生徒、長於各種學科。而長於各種學科者、可得大獎勵。故少許之生徒、可得大獎勵。」此際「少許」一語、實有二義。（參攷第八章）前者謂少許如是。後者謂其餘不如是。故此推理式中之結論、實爲消極命題。而分配「可得大獎勵」之大名辭。但其在大前提中、則分明未嘗分配。卽唯謂生徒之長於各學科者、可得大獎勵。而不計及此外之生徒也。

第九圖

殖民地人

歐羅巴人

殖民地人

阿美利加人

第五規則、實出於上章所述之律令。卽謂推論唯由符合（積極命題所表者）出。若有二差別、（二消極命題）則吾人不能由之以推論一物。夫從第三律令、則二名辭苟皆不合於第三名辭、則此二者、或互相符合、或不互相符合。如吾人謂「阿美利加人非歐羅巴人」「維爾奇尼亞人非歐羅巴人」則阿美利加人及維爾奇尼亞人之二名辭皆不與中名辭歐羅巴人相合。然二者則得互相符合也。就他例言之則亦有消極之二前提皆眞而尙不能定大名辭與小名辭之互相符合否者。如云「殖民地人非歐羅巴人」、「阿美利加人非歐羅巴人」。然殖民地人之爲阿美利加人否吾人無自推論之。何則、二消極的前提在第九圖中、以殖民地人及阿美利加人之二圓形、與歐羅巴人之圓形不相容表之。然殖民地人與阿美利加人之全相符合、或半相符合、或全不相符合。則此二前提不能告我也。故背推理式之第五規則者。謂之否定前提之虛妄。無不可也。但命題之、有否定的成分（有非字或不字者）者。不必盡爲否定命題。如云

凡非混合而成者爲原質

黃金非混合而成

故黃金原質也

此二命題雖皆含否定的成分。然其推理仍爲確實。以其中名辭、實不外「非混合物」之消極名辭。而此二命題、決非否定命題故也。

第六規則、亦存於上章之公理。夫由此公理。則二名辭合於第三名辭。則此二名辭必

互相符合。又否定命題、不外斷二名辭之不相符合。故自肯定之二前提。不能引否定之結論明矣。其相當之消極的公理。則禁吾人不得由二否定之前提、而引一肯定之結論是也。但欲使學者得精密應用推理式之諸規則。舍習練之外無他道。以一切虛妄得匿於種種形式中故也。學者苟就許多例題而練習之。可得分析議論之道焉。推理式之他規則、即第七第八規則、其性質決非十分明晰。而不過前六規則之系、（其義與幾何學上之系同）而自此等規則出者。吾人於下章當詳論之。吾人得謂背於第七規則者、爲特別前提之虛妄。背於第八規則者、爲自特別之前提引普徧之結論之虛妄。但此等虛妄。亦得約之爲泛濫之虛妄、或中名辭不分配之虛妄也。

第十六章　推理式之形式及圖形

吾人既得推理之原理、及自原理出之規則。由是而眞推理式與僞推理式。可得而區別焉。而此章之事業、在列舉推理式之形式、而別其眞僞。夫各推理式中、必有三命題及三名辭。而各名辭必再見於此等命題中。又各命題又得自其分量與性質二方面觀之。即非普徧則特別。非肯定則否定。於四者之中。必居其二焉。吾人由此得列舉推理式之一切形式。夫AIEO諸命題之一。吾人皆得以之爲大前提小前提及結論。

故吾人可就AIEO四字母、施種種之結合、而成一系統。茲錄其一部分如左。

AAA　AEA　AIA　AOA　EAA　EEA

AAE　AEE　AIE　AOE　EAE　EEE

AAI　AEI　AII　AOI　EAI　EEI

AAO　AEO　AIO　AOO　EAO　………

夫此種結合4×4×4。必爲六十四。而上所舉者僅二十三。學者苟從上文之系統。則自舉之、亦不難也。吾人自AAA始、而續易其右邊之字母爲EIO。然後更從AEA起、而用同一之變易法。至易盡中央之字母。然後更進而易左邊之字母。故排列命題而爲推理式時。明明有六十四種之形式焉。

吾人謂命題之各三合法、爲推理式之形式。而此種形式之眞得用於確實之議論、而不與推理式之規則相背者。共有若干。則正現在所研究者也。如AEA之形式、背於第六規則、卽謂前提之一爲否定則其結論必爲否定之規則是也。AIE背於第六規則之反面、卽謂否定之結論必自否定之前提證之是也。又如EEA及EEE等則背於第五規則。以自二否定之前提不能得一結論。故此種形式之例、舉之甚易。又其虛妄亦顯而易見如 AEA 之例。

一切奧大利人皆歐羅巴人也

澳大利亞人中無歐羅巴人

故一切澳大利亞人皆奧大利人

又六十四形式中之大部分背於第七第八規則。如 AIA 及 EIE、背於「二前提爲特別命題則其結論亦必爲特別」之規則。IIA, IIO, OIO 及他形式、則背於「禁用二特別前題」之規則。又若干形式不獨背一規則而已如 OOO 兼背第五規則及第七規則。OOA、則於二者外又背第六規則者也。學者苟從推理式之規則、而列舉六十四式且去其背反規則者乃一最有用之練習法。如以系統的方法行之。決非艱困之事業。學者由此可知六十四形式中唯十二形式合於推理式之規則。茲舉之如下。

AAA EAE IAI OAO

AAI EAO (IEO)

AEE EIO

AEO
AII
AOO

然其中之IEO後必去之。以此式實際上背於第四規則、而濫用大名辭故也。故眞正確實者惟十一形式。而吾人得分類六十四形式全體如左。

有二否定前提卽背於第五規則者……一六
有二特別前提卽背於第七規則者……一二
有一否定前提而其結論爲肯定者卽背於第六規則……一二
有一特別前提而其結論爲普徧者卽背於第八規則……八
有否定結論卽背於第六規則者……四
濫用大名辭卽背於第四規則者……一
所除去之總數……五三
確實之形式……一一
共計……六四

然上文所舉者。尚未足盡推理式之變化。以吾人於此。僅計命題之肯定與否定普徧與特別。而未計及名辭之在命題中之位置故也。蓋大名辭雖必爲結論中之賓語。然其在大前提中也、則時或爲主語、時或爲賓語。小名辭亦然。雖必爲結論中之主語。然得爲小前提之主語或賓語。故位置名辭之道有四。謂之圖形。推理式之四圖形。於左圖中示之。

今以天代大名辭、地代中名辭、人代小名辭。則

	大前提	小前提	結論
第一圖形	地天	人地	人天
第二圖形	天地	人地	人天
第三圖形	地天	地人	人天
第四圖形	天地	地人	人天

此等圖形。必謹記之於心。而得由中名辭之位置記憶之。卽此名辭之在第一圖形之大前提中、實居首位而爲其主語。在第二圖形之二前提中。皆居第二位、而爲其賓語。至在第三圖形中、則又爲二前提之主語。第四圖中、則又爲大前提之賓語。若夫結論

中、則大名辭與小名辭實有一定之位置。故吾人苟能記中名辭之在某圖形之何所。則書一推理式不難矣。

今欲將十一形式更置諸四圖形中而攷之。或爲讀者所不喜。以此際可能之推理式、尚有四十四種。而吾人又當於此中選擇其確實者故也。今以 AEE 之形式置諸第一圖形中。則如左、

一切地皆天也

無人爲地

故無人爲天

此背於第四規則者。何則。天未嘗分配於大前提中、而獨分配於結論中。以此結論爲否定命題故也。若置此形式於第二圖形中。則確實。如

一切天皆地也

無人爲地

故無人爲天

若置諸第三圖形。則

一切地皆天也
無地爲人
故無人爲天
此自其大名辭致之。又背於第四規則。至其在第四圖形中則確實。讀者所能自悟也。
今從四十四推理式中選確實之形式則其數凡二十四。如左、
第一圖形　AAA　EAE　AII　EIO　[AAI]　[EAO]
第二圖形　EAE　AEE　EIO　AOO　[EAO]　[AEO]
第三圖形　AAI　IAI　AII　EAO　OAO　EIO
第四圖形　AAI　AEE　IAI　EAO　EIO　[AEO]
此中之五形式、雖立而且在括弧中者雖亦確實。然其用甚鮮、或并無一用焉。此等形式、謂之結論孱弱之形式。因其結論但爲特別命題。而吾人自其前提、本得引普偏之結論故也。如 AAI 之在第一圖形中。得以次例表之。
一切物質皆有重量
一切金類皆物質也

故若干金類有重量

此結論不過述眞理之一部。其眞正之結論、則「一切金類皆有重量」是也。然此亦決非謬誤之結論。何則、由第九章之說、則特別命題之肯定、決非否定相當之普徧命題故也。顧若干金類之有重量、固甚眞實。然苟知一切金類之有重量、則其中若干之有重量、必更眞實。故吾人苟能證明普徧之結論、則當應用之也。

吾人苟從辨學家大半之意見、而除去結論孱弱之五推理式、則確實有用之推理式、尙有十九。次章當一以古詩表此十九式、而使一切學者得易於記憶。但觀上述之各形式論、學者亦得知下文所述各圖形之特性之眞實焉。

能證明命題A者、唯第一圖形爲然。卽以A爲其結論是也。亦唯此圖形、能證明AEIO之四命題。至就其前提論之、則其大前提必爲普徧命題(A或E)而其小前提必爲肯定命題(A或I)此當注意之特質。當於下章詳論之。

至能證明否定之結論(E或O)者、唯第二圖形爲然。而其理由亦甚明白。何則、中名辭之在此圖形中、常爲二前提之賓語。苟二前提而皆爲肯定命題、則中名辭必不能分配。故上文所舉之虛妄、自不能免也。故其中之一前提、必爲否定。而大名辭與小名辭之一。必全與中名辭相合、或全不相容。而其二之於中名辭、至少亦必一部分相合、或一部分不相容也。今仍以天地人表大中小三名辭。則此圖形中之四形式。如

EAE

無天爲地

一切人皆地也

故無人爲天

AEE

一切天皆地也

無人爲地

故無人爲天

EIO

無天爲地

若干人乃地也

故若干人非天

一切天皆地也

若干人非地

故若干人非天

第二圖形之形式之性質於下圖明示之。

第十圖　第一形式

第十一圖　第二形式

第十二圖　第三形式

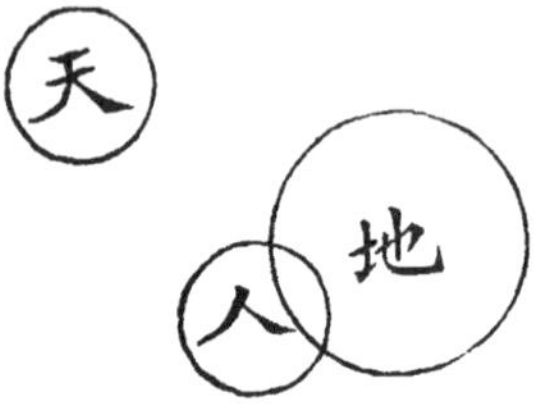

由是觀之、則第二圖形中、小前提得爲AEIO四者明矣。

至第三圖形、則僅能證明特別命題。(I或O)而常以肯定命題(A或I)爲其小前提。此圖形實有最多之形式。以其中之結論無一孱弱故也。

第四圖形、人往往以不自然及無大用視之。何則、吾人苟以同一之議論、納之於第一圖形中。則更爲明晰故也。此圖形除命題A外、實能證明EIO各命題。而其第一形式AAI、實不外第一圖形中AAA形式之孱弱者而已。故許多辨學家率廢此圖形。如近世之赫米爾敦、亦持此見解者也。

由上文觀之。則知推理式之各圖形、各有相異之性質。故辨學家往往以各圖形各有特別之用。日耳曼之辨學家蘭培爾德。述其用如左。曰「第一圖形、用以發明或證明事物之性質。第二用以發明或證明事物之區別。第三則用以發明或證明一例或例外之事。而第四則用以發明或駁詰類中之各種也」

吾人於茲所當增加者。則第三圖形中之第一第二形式。常用以駁詰某說。以此等形式、實從二物之不能相容、而與吾人以普偏否定之結論故也。今若有人尚主張光之自物質成立者。吾人得以此等推理式駁之。

物質當傳其運動於所擊之物

光不傳其運動於所擊之物

故光非物質也

至此圖形中之第三第四形式。其用較少。但能得特別結論耳。

當吾人對一普徧之議論。而加以反對。或舉一例外之物時。常用第三圖形。如有人謂「一切金類皆定質。」即得以例外之物(水銀)駁之。如左、

水銀非定質也

水銀金類也

故某金類非定質也

如有人謂不可知之物不能存在。則吾人得駁之如次。曰「無限者、不可知之物也。然無限實存在之物。何則、曲線及常變之量之性質。舍無限無以說明之。故某不可知之物、亦存在也。」此際一例外之物。已足駁其議論而有餘。即苟有一不可知之事存。則存者當不止此。而此議論之威權全失矣。

雅里大德勒謂中名辭苟爲單純名辭時。必用第三圖形。何則、從雅氏之見解。則單純名辭、不能爲一命題之賓語。而唯在第三圖形中。中名辭始得常爲主語故也。

第十六章　推理式之不完全圖形之還元法

欲使推理式中之確實且有用之十九形式、易於記憶。故辨學家於六七百年前、曾以

人爲語作一詩。而使學者便於誦習而記憶之。此法雖巧。然大失科學之性質。但其搆造與應用。亦從事辨學者之所當知也。茲錄之如下。

Barbara, Celarent, Darii, Ferio-que,(prioris); Cesare, Camestres, Festino, Baroko, (secondae); (Tertia); Darapti, Disamis, Datisi, Felapton, Bokardo, Ferison, (habet); (Quarta insuper addit) Bramantip, Camenes Dimaris Fesapo Fresison.

此中括弧內之語、乃眞拉丁語。而示人爲語所表之形式 Barbara 四者、屬於第一圖形。而其他四形式、屬於第二圖形。又六形式、屬於第三圖形。而第五圖形中、則有五形式。各人爲語各含三母音。而各母音、則示各命題之搆成確實之形式者。如 Celarent。示第一圖形中之一形式、有大前提E小前提A及結論E者也。而上章所示之各形式。除在括弧中者外、各有相當之人爲語。

此記憶詩、又示第二第三第四圖形中之各形式、得由還元法、而化爲第一圖形中相當之各形式。雅里大德勒謂第一圖形、乃最明顯最確實之圖形。而第十五章所述之公理、可直接應用於此。故彼又謂之曰完全圖形。第四圖形、恒謂之額倫圖形。蓋發明此圖形者、人多歸之額倫。以雅里大德勒未嘗承認之故也。至第二及第三圖形、雅氏謂之不完全圖形。故必變其前提之位置、以化爲第一圖形。而各人爲語中、已示還元之法。其所指示者如左。

s示其右旁母音所表之命題、當行單純之轉換者。

p示其命題當行限制之轉換者。

m示此推理之二前提、當易其位置。卽以大前提爲新推理式之小前提、而以小前提爲其大前提是也。

BCDE、卽各語之第一子音、示此語所表之形式、當化爲第一圖形中之以此子音始之形式者也。如 Cesare, Camestres, Camenes、得化爲 Celarent。Darapti 等得化爲 Darii Fresison 得化爲 Ferio等是也。

k示此形式必以間接還元法化之。當論之於後。

今取 Camestres 之一形式、而從詩中之還元法而化之。其原式之例如左。

一切恒星皆自發光　(一)

一切行星皆不自發光　(二)

故無行星爲恒星也　(三)

Camestres中之第一s字、示小前提之當行單純之轉換法。而m則示當易前提之次序。而最終之s、示結論亦當行單純之轉換者也。如此。則得下式、

無一自發光之物體爲行星　(一)

一切恒星皆自發光　(二)

故無恒星爲行星　(三)

此卽Celarent之形式。而吾人就Camestre之C字已得知之者也。

更舉Fesapo之一例、則其原例如左。

無行星爲恒星者

一切行星皆圓體也

故若干圓體非恒星也

今從Fesapo一語之所指示、而就大前提行單純之轉換法。就小前提行限制之轉換法。則得Ferio式、

無行星爲恒星

若干圓體乃行星也

故若干圓體非恒星也

讀者就他形式、亦得從其字之所指示。而行種種之轉換法。但有當特別攷察者。則 Bramantip Baroko Bokardo 三形式是也今舉 Bramantip 之例如左。

一切金類皆物質也

一切物質皆有重量

故若干有重量之物爲金類也

此字所含之字母 m。示吾人當易前提之位置。而字母 p、示當行限制之轉換法。故所得之式當如左。

一切物質皆有重量

一切金類皆物質也

故若干金類有重量

此式非吾人所欲得之 Barbara 式。而爲第一圖形中之孱弱形式 AAI。以此式之前、提明示含「一切金類皆有重量」之結論。而此形式中之字母 p、實使其結論弱於所當得之結論者也。就實際言之第四圖形、實甚不完全、且不自然。而得以第一圖形精密表之。故辨學之始祖雅里大德勒。絕不承認此圖形。要之此圖形不過使推理式複雜、而其實用甚鮮也。

至 Baroko 及 Bokardo 二形式、亦不能直化爲第一圖形。欲處理此等形式。吾人仍當以天地人表大中小名辭。於是得 Baroko 之例如左。

一切天皆地也

若干人非地

故若干人非天也

今吾人若用對峙之轉換法、而轉換其大前提。則得「一切非地（此二字爲一主語）皆非天也」之命題。如以之爲大前提、則其形式如左。

一切非地皆非天也

若干人非地也

故若干人非天也

此二前提似皆爲否定命題。然實際乃 Ferio 之確實形式也。以二前提中之中名辭非地、實爲消極名辭。而其二前提、仍皆不失爲肯定。故得化之爲此式也。

至 Bokardo 式之例如左。

若干地非天
一切地爲人
故若干人非天也

吾人以否定之轉換法轉換其大前提。而易二前提之位置。則如左、

一切地皆人也
若干非天爲地
故若干非天爲人也

此結論乃前結論之否定之轉換。而其確實性始由 Darii 式證明之。然 Baroko 及 Bokardo 二形式、皆得以間接還元法化之。此與歐几里得幾何學上所用之間接證明法、甚相似也。此法之初存於預想一推理式之結論爲虛妄、而其結論之矛盾命題參攷第九章爲眞實。而以一舊前提之矛盾命題、爲新推論式之結論也。然辨學上問前提之眞否、實爲背理之事。以推理式之旨惟在自前提而演繹相當之結論。至結論之眞否、惟存於前提之眞否。而問前提之眞否則超乎此學之範圍外故也。推

理式之能使吾人以新形式表前提中所含之知識、恰與機械之能以新形式造所與之材料同。然所與之材料之善否。則非機械或作機械者之責也。辨學家亦然。前提之眞否。彼不負其責。而其責但在適宜處置之。故彼必視所與之前提爲眞實。若疑某結論有一虛妄之前提。此可謂不合理之甚者也。

如吾人用此方法於Baroko式。則其例如左。

一切天皆地也……………(一)

若干人非地…………………(二)

故若干人非天也……………(三)

如此結論虛妄。則其矛盾命題「一切人皆天也」必爲眞實。今以此命題爲小前提、而與固有之大前提相並立。則如左、

一切天皆地也……………(一)

一切人皆天也……………(三)之矛盾命題

故一切人皆地也

此結論A、乃前推理式之小前提O之矛盾命題。故吾人苟非視固有之二前提之一

爲虛妄。則必視固有之結論爲眞實。而二項中吾人之必取後項、不待論也。於是 Bar-oko 式之眞實全是始得證明之。

若應用於 Bokardo 則如左。

若干地非天也…………(一)

一切地皆人…………(二)

故若干人非天也…………(三)

如視此結論爲虛妄。則其矛盾命題「一切人皆天也」必爲眞實。今以此命題爲大前提、以與固有之小前提相並列。則其式如左。

一切人皆天也…………(三)之矛盾命題

一切地皆人也…………(二)

故一切地皆天也

此結論乃固有之大前提之矛盾命題。故爲吾人所不許。而固有之小前提、吾人不能視爲虛妄。亦與大前提同。故必視固有之結論爲眞實也。

於此二種之間接還元法或間接證明法中。實用 Barbara 之形式。此 Baroko 及 Boka

-rdo 二字之第一字毋所示者也。他形式中亦得用此間接還元法。然因可用直接還元法。故不常用此也。

當第十五章、吾人之述推理式之規則也。曾述二增補之規則、即第七第八兩規則是也。此兩規則非有自明之性質。而必由前六規則證之。吾人於此、得詳述其證明之道焉。夫第七規則、禁止吾人自二特別之前提引某種之結論。而二特別之前提。不出II，IO,OI,OO四者之外。其中II、其名辭無一分配者。此與第三規則所云中名辭必分配者、已相背矣。若OO則亦明明背於第五規則。以有二否定之前提故也。IO之結論。從第六規則之所示。必不可不爲否定。故其大名辭必不可不分配。然其大前提本特別肯定命題。故非陷於大前提泛濫之虛妄（即背於第四規則）必不能分配之也。至OI之二前提中、含一分配之名辭。則大前提之賓語是也。但据第六規則。其結論必爲否定、故其大名辭亦不可不分配。故吾人於此二前提中、當有二分配之名辭。一中名辭一大名辭也。然實際上、分配者只有一名辭。故欲自此而引一結論。非陷於中名辭不分配之虛妄。必陷於大名辭泛濫之虛妄也。吾人由是可知自二特別之前提、斷不能引一確實之結論也。

至第八規則、則示吾人以推理式之一前提、苟爲特別命題、則其結論亦必爲特別命題。此規則之確實、亦唯由上節之方法證明之。今若二前提而爲A及I、則其中唯有一分配之名辭。卽A之主語是也。而据第三規則、則此乃中名辭所要求。故苟欲不背第四規則。則其小名辭必不能分配。故其結論必爲命題I也。若二前提爲A及O。則含分配之名辭二、卽A之主語與O之賓語是也。但吾人苟自此前提而引E之結論。則大名辭與小名辭、皆不可不分配。而轉無以處中名辭。卽不能不背第三規則也。至EI、等吾人亦得以此方法證明之。而知此等前提中、皆無充足之分配名辭。以使吾人達於普偏之結論也。

第十七章　不規則推理式及混合推理式

書籍及談話中之議論。大抵不由推理之形式。卽有用完全之推理式者。亦不過欲達辨學上之精密性。而非出於一議論之所必然。此則可異者也。在十八世紀、大學之生徒。必列於公衆之爭論中。以一面習練推理式的議論。一面以精密之推理式駁擊他人。此種實地練習。奧克斯福特大學數十年前尙行之。卽在今日猶行之於大陸之某大學。但除此等學校練習外。完全之推理式、殆無有常用之者也。

就實際言之。則書籍及談話中之用「故」「是以」「何則」「由是」等語時。無非推理式的議論。以此際實有推理之作用、行乎其間。而得以精密之推理式表之故也。夫眞正之推理式。不過全述一議論之前提及結論。然苟前提之一而爲人人所既知。則可畧之。若必不憚煩而一一述之。則不但無用。而且有害也。如吾人謂「空氣必有重量、以其爲物質故也。」此際吾人實用一推理式。不過視「物質必有重量」之前提、爲不必要耳。此推理式之結論、卽「空氣必有重量」之第一命題。「物質」二字乃中名辭、而不見於結論。「空氣」乃小名辭、而「有重量」乃大名辭也。故其完全之推理式如左。

一切物質皆有重量

空氣物質也

故空氣有重量

此乃最普通且最有用之 Barbara 形式也。

推理式之不完全者。謂之散亂推理式、或二段論法。Enthymens 此語殆出於希臘語。而謂若干知識、爲吾人所預想。卽默認一前提之存在、而不明言之者也。其所默認之前提。大抵爲大前提。此謂之第一種之二段論法。亦有不明言小前提者。謂之第二種之二段論法如吾人謂「彗星必從引力之法則以遵橢圓之軌道者皆從此法則故也」吾人此際實暗示彗星之運行於橢圓之軌道故其完全之推理式當如左

凡運行於橢圓軌道者皆從引力之法則

彗星運行於橢圓之軌道者也

故彗星亦從引力之法則

卽推理式之結論亦有時不明言者此爲第三種之二段論法於短詩及廋詞中往往用之廋詞之趣味實存於宣示此種不言之眞理也赫米爾敦曾舉英國學者波爾孫嘲日耳曼學者之一短詩曰

吁嗟日耳曼罕解希臘語解者百無四五兮不解者過百分之九十五羗獨秀兮海爾曼吁嗟海爾曼兮亦一日耳曼

當其獨褒海爾曼也同時又謂彼爲日耳曼人則彼無希臘語完全之知識不待言而明矣狹斯丕爾之歷史劇中述安敦尼之論該撒之身體也其中許多推理式往往僅暗示其結論云

雖一單簡之命題苟吾人暗示一他前提以與此命題相聯絡則亦有推理式之勢力

如霍爾恩吐克謂「人之不正者不能訟一切之過。」但人之不能訟自己或他人之過者實少。故吾人得而推論之如下。曰

人之不正者不能訟一切之過

吾人能訟過

故吾人非不正之人也

易言以明之。吾人正人也。

諸推理式、得以種種之道結合之。而成一混合推理式。對此混合推理式之各部分、而與以特別之名。甚便利也。如是、故一推理式之證明他推理式之一前提者。謂之前推理式。而推理式之以他推理式之結論、爲其一前提者。謂之後推理式。舉例以明之。

一切地皆天也

一切人皆地也

故一切人皆天也

但一切物皆人也

故一切物皆天也

此明明含推理式二。而皆屬於 Barbara 形式。第一式就其對第二式言之。乃前推理式。而第二式就其對第一式言之。乃後推理式也。

又所謂暗證者。謂一推理式之前提、皆以其理由證明之。而暗示不完全之前推理式者也。其例如左。

一切地皆天也以二者皆甲也

一切人皆地也以二者皆乙也

故一切人皆天也

此乃二重之暗證法、而示二前提之理由。學者不難分之爲三種之完全推理式 Barbara 也。

推理之形式之更有趣味者。乃推理式之一串。辨學上謂之渾證。其例如左。

一切天皆地也

一切地皆元也

一切元皆黃也

一切黃皆宇也

故一切天皆宇也

此命題之一串苟視爲確實得任意延長之。其中各名辭、除最初名辭與最終名辭外。皆一度爲主語。一度爲賓語。而此渾證之含許多推理式。分析之甚易。即

第一推理式	第二推理式	第三推理式
地元也	元黃也	黃宇也
天地也	天元也	天黃也
故天元也	故天黃也	故天宇也

各推理式之以前提供給次式者。皆次式之前推理式。而自在其前之推理式觀之。亦可謂之後推理式也。

在上文之渾證中。一切前提、皆普徧的肯定的也。此外唯渾證之第一前提、得爲特別命題。又唯其最終前提、得爲否定命題。學者得以試驗證之。如除第一前提外。別有特別前提。則必陷於中名辭不分配之虛妄。以其中名辭之一。常爲一肯定前提之賓語、而又常爲他特別前提之主語故也。如除最終前提外、別有否定前提。則必陷於大名辭泛濫之虛妄也。

然科學及普通生活上推理之種類。非盡於上所枚舉之推理式也。除下數章所述假言的推理式及選言的推理式外。他形式之用於實際上、而未爲辨學者所注意者、尙屬不少。此二百餘年前樸德祿約爾辨學之著者、已明言之。此辨學書出版於千六百六十二年。後屢次重印。而又翻譯爲許多外國語。其所謂樸德祿約爾者、乃巴黎附近之一村落。而有一小教會居之。著者爲阿諾爾特尼古爾等。大哲學家兼大數學家巴斯喀爾。亦著者中之一人也。滑德之辨學書。實以此書爲基礎。然讀者但參攷培恩斯教授所譯之原書可也。

樸德祿約爾辨學一書。大示此學之進步。如第五章所說明之外延及內容說是也。此書之第三篇第九章。務就推論之含複雜之命題者、而應用推理之規則。又謂此種推論。似僞而實眞。又此簡易之推理式其用尤多。今舉複雜推理式之一例、如左。

太陽物之無知覺者也

波斯人拜太陽

故波斯人拜一物之無知覺者也

此種推論、不能以推理式之規則證明之。然此不獨眞實之推論、又最普通者也。更舉他例如左。

神之法律使吾人尊敬君主

路易十六君主也

故神之法律使吾人尊敬路易十六

又有一種之推論、本屬眞實。但其表之之言語、似含四箇之名辭。而背於推理式之規則者。如吾人謂「金剛石可燃燒。以其成於炭質。而炭質可燃燒故也。」此際所用者有四名辭。「金剛石」「可燃燒」「成於炭質」及「炭質」是也。然吾人欲易其搆造以成一簡易之推理式、而不易其意義。甚爲易易。如

凡成於炭質者皆可燃燒

金剛石成於炭質

故金剛石可燃燒

是也。

推理式及渾證。得自外延之次序、或自內容之次序說明之。當攷察箇物之數時。則貴金類爲金類之一部、金類又爲原質之一部。然就其內容、卽一名所示之性質言之。則

原質不過金類之一部、而金類又不過貴金類之一部。又就白頭翁屬植物言之。則此屬爲毛茛門之一部、而毛茛門又爲外長植物之一部。而論其內容、則外長植物之性質、實爲毛茛門之性質之一部。而毛茛門之性質、又爲白頭翁屬之性質之一部。此二種推理式、無不眞實者。今以普通言語表之如下。

外延推理式

一切毛茛皆外長植物也

白頭翁乃毛茛之一種

故白頭翁乃外長植物也

內容推理式

毛茛之一切性質皆白頭翁所有之性質也

外長植物之一切性質皆毛茛之性質也

故外長植物之一切性質皆白頭翁之性質也

一切渾證。亦得由外延及內容二方面處理之。與處理推理式之道、無以異也。

第十八章　限制的論證

吾人於論命題時、已分命題爲二種。斷言的及限制的是也。前者已於上數章論之。吾人於此、當進而攷察限制的命題。及由此等命題所成之論證也。辨學家之說限制的命題也。大抵視此種命題、爲自二以上之斷言的命題成立。而以一接續詞聯絡之。其聯絡之法有二。於是限制命題、生二種之別。假言及選言是也。其各種命題之關係如左表。

- 命題
  - 斷言的
  - 限制的
    - 假言的
    - 選言的

限制命題。亦可視爲命題之立於某條件或某性質之下、而限制其應用者。其在假言命題中。則此條件以接續詞「如」字、或其相當之字表之。例如

如鐵不純粹則脆也

此乃假言命題、而成於二斷言命題。卽「鐵不純粹」之命題。謂之前因。「鐵亦脆也」之命題。謂之後果。而此際「不純粹」之條件。卽限制「脆」之賓語之應用於「鐵」之主語者也。

假言命題。得應用於種種之論證。然此中可賦以特別之名者。唯二種而已。蓋假言的推理式之含大小二前提。與普通推理式無異。其中之大前提、取假言的形式。而其小前提、則斷言的也。由小前提之性質之或爲肯定、或爲否定。於是生建設的假言推理式、與破壞的假言推理式之區別。如下例。

如甲爲乙則丙爲丁

今甲爲乙

故丙爲丁也

此建設的假言推理式也。

吾人於此不可不注意者。則上式之小前提。乃肯定大前提之前因。故此種論證、謂之正斷法。此乃普通之論證也。又如他例。

如甲爲乙則丙爲丁

今丙非丁

故甲非乙也

此乃破壞的選言推理式。謂之破除法。但吾人所當注意者。則此際所破除者。乃大前提之後果、而非其前因也。

假言推理式之規則。所需以試驗此式之眞實性者如下。卽苟不肯定大前提之前因。必否定其後果是也。如背此規則。必陷於大虛妄。今舉一例如左。

如甲爲乙則丙爲丁

今丙爲丁

故甲爲乙也

此卽所謂肯定後果之虛妄。吾人苟反省「甲之爲乙、」決非「丙爲丁」之唯一條件。而當戊之爲己庚之爲辛……等時。丙亦可以爲丁。則丙爲丁之事實。其不足以證明甲之爲乙明矣。吾人謂苟人之性質而鄙嗇則不肯費金錢於有用之事業。是固然矣。但謂人之不肯費金錢於此種事業者、皆有鄙嗇之性質。此又不然。蓋其不肯費也此外尙有種種之原因。或因乏金錢故、或因視此事業爲非有用故、或因欲費之於更有用之事業故也。

其否定前因者。亦陷於相當之虛妄。例如

如甲爲乙則丙爲丁

今甲非乙

故丙非丁也

其誤亦與前同。何則、甲之爲乙。既非「丙爲丁」之唯一條件。則雖否定一條件。然丙之或由他條件而爲丁。吾人之所不能預決也。故人之不鄙吝者。吾人不能決其無求不與。或舉他例以明之。

如辨學之研究而供給吾人以許多有用之事實、與他科學之研究同。則自有研究之價值也。然辨學不供給吾人以有用之事實。故不値吾人之研究。

此明明一虛妄之論證。何則、吾人研究一學之理由。決非僅欲知有用之事實。而研究辨學之本旨。實在習練吾人之判斷力及推理力。而此本旨、爲上文虛妄之論證所不知故也。

雖辨學書中、常視假言命題及假言推理式之性質、與斷言命題及斷言推理式之性質大異。然假言的形式之得約爲斷言的形式、又得應用普通推理式之規則。此又已知之事實也。一切假言命題。皆得化之爲普遍肯定命題。而其意義毫無變更。例如「如鐵不純粹則鐵亦脆也。」得易之曰「不純粹之鐵脆也。」但欲變更假言的推理式。不可不有新小名辭。而其斷言的推理式如左。

不純粹之鐵脆也

此鐵乃不純之鐵

故此鐵脆也

有時此種變更、須大變更其言語者。其在假言推理式則如左。

如風雨表驟降則暴風雨將至

今風雨表驟降

故暴風雨將至

此式得變更之爲次式。

風雨表驟降之狀態乃暴雨將至之狀態也

今此等狀態乃風雨表驟降之狀態

故此等狀態乃暴風雨將至之狀態也

至破壞的假言推理式。其例如左。

如雅里大德勒之說確實則奴隸之制乃社會之正制也

然奴隸之制非社會之正制

故雅里大德勒之語不確也

今變之爲斷言的推理式。

雅里大德勒之說確實之事乃奴隸之制之爲社會之正制之事

然奴隸之爲社會之正制之事不然

故雅里大德勒之說確實之事亦不然也

故用「之事」二語。一切假言推理式。無不可化之爲斷言推理式也。

吾人於破壞的假言推理式中得示肯定後果之妄論、實背推理式之第二規則。卽陷於中名辭不分配之虛妄也。其例如左。

如人而鄙嗇則必不肯出資

今彼不肯出資

故彼鄙嗇也

更變之爲斷言的推理式。

鄙嗇之人不肯出資

此人不肯出資

故此人鄙嗇之人也

此乃第二圖形中之ＡＡＡ形式。而不肯出資之中名辭。於二前提中皆未嘗分配。故其論證全虛妄也。

至否定前因之虛妄。實等於大名辭泛濫之虛妄。再舉前例以明之。

如一科學能供給吾人以許多有用之事實。則有研究之價值。但辨學非此種科學。

故辨學非有研究之價值也。

此推理式乃第二圖形中之ＡＥＥ形式。而背於推理式之第四規則者。何則、「有研究之價值」之大名辭。分配於否定的結論中。而不分配於肯定的大前提中。故也。

吾人今更進而攷選言命題。此等命題、不但有一賓語。且兼有數賓語。而以一選言的接續詞「或」字聯絡之。其中無論何賓語。皆得屬於主語者也。吾人謂「衆議院之議員、或爲一州之代表、或爲一邑之代表、或爲一大學之代表。」乃此種命題之一例、而含三種之賓語。但其賓語之數得自二而增至若干者也。

選言推理式、自一選言的大前提與一斷言的小前提（肯定否定）成立。其中亦有二種之區別。其有肯定的小前提者。謂之以許爲拒法。其例如左。

甲乙或丙也

今甲爲乙

故甲非丙

此種論證之形式。實預想選言命題之一賓語得應用於主語時。卽不能應用他賓語。如一歲之時序、得爲春或夏或秋或冬。今既爲春。則不能復爲夏秋冬是也。然滑德萊曼珊爾穆勒等。皆以此說爲不確。彼等謂吾人得云善良之書籍。得自其內容之有用、或其形式（謂其結構及文字）之優美定之。但內容之有用者。其形式未必不優美。而形式之優美者。亦不必乏於內容。雖吾人於選言命題中。常用不能相容之賓語。然此固非有辨學上之必然性也。

選言推理式之他形式。卽以拒爲許法。則常有確實性。例如

甲乙或丙也

今甲非乙

故甲爲丙也

如吾人謂善良之書籍。自其內容之有用、或其形式之優美定之。則吾人苟不以前者故、而謂一書籍爲善良。則必自後者明矣。如今之時序而非春日。則必爲夏秋冬。如非秋冬。則必爲春夏。要之吾人苟否定某賓語則所賸之賓語、其被肯定無疑也由是觀之。則選言推理式之規則、與普通推理式之規則大異。以否定的前提於選言推理式中。反生肯定結論。而在普通推理式中、僅生否定結論故也。

此外又有一種之論證。所謂雙管齊下法是也。此種論證、存於預想二條目。而於此二條目中、皆得證明某事者也。曼珊爾下此種論證之定義曰推理式之前提中、有假言的大前提（有二以上之前因者）及選言的小前提者是也其形式至少可分爲三種第一種謂之簡易建設的雙管齊下法。其形式如左。

如甲爲乙則丙爲丁如戊爲己則丙亦爲丁

今甲爲乙或戊爲己（非甲爲乙則戊爲己）

故丙爲丁也

如吾人謂「若一科學能供給有用之事實。則當研究之。若能練習吾人之推理力。則亦當研究之。今此科學能供給吾人以有用之事實、或其研究能練習吾人之推理力。故吾人當研究之也。」

雙管齊下法之第二形式。謂之複雜建設的雙管齊下法。如左。

如甲爲乙則丙爲丁如戊爲己則庚爲辛

今甲爲乙或戊爲己（今非甲爲乙則戊爲己）

故丙爲丁或庚爲辛也（故非丙爲丁則庚爲辛也）

所以謂之複雜者。以其結論爲選言命題故。舉例以明之。「如一政治家知其前策之誤而不改、則爲欺罔。如改之、則相矛盾。今彼不改、或改之。故彼乃欺罔或矛盾也。」意謂無論彼不改或改彼非欺罔即矛盾也

至破壞的雙管齊下法。則常爲複雜的。以此種論證。常得分解爲二破壞的假言推理式故。其形式如左。

如甲爲乙則丙爲丁如戊爲己則庚爲辛

今丙非丁或庚非辛

故甲非乙或戊非己

例如吾人謂「如人而智、則必不戲詆聖書。如人而善、則必不眞詆聖書。今彼之詆聖書、必爲戲、或爲眞。故彼非智、或非善也。」

雙管齊下之論證中。虛妄多於確實。以吾人於一例中所舉之二條目。苟不從不容中立之法則而使此二者互相否定。則必不能以此二者盡括一切可能之條目故也。如吾人謂「如生徒好學、則獎勵爲無用。如不好學、則獎勵之亦無益。故不問其好學與不好學。獎勵非無用則無益也。」然好學與不好學。未必能盡生徒之性質。此外尚有非好學亦非不好學者。則獎勵在所必要。而上文之論法。欲不謂之虛妄。不可得也。故於此種論證法中。吾人得隨意取二條目。而從此立論。無論所證之事之爲眞或妄。皆得於表面上證明之也。

當吾人用一雙管齊下法時。大抵得用他雙管齊下法以反證之。雅里大德勒曾舉一例如左。一雅典人之母謂其子曰、「汝愼毋入社會中。如汝說正義、則人將禍汝。如汝說不正、則神將禍汝。」雅氏代荅之曰「我必入社會中。如我說正義、則神將愛我。我說不正、則人將愛我」一足證此種論證法之不確實也。

第五篇　虛妄論

第十九章　辨學上之虛妄

欲深知思攷規則之確實者。不可不先知最普通之虛妄。而所謂虛妄者。謂吾人因不守辨學之規則、而陷於謬誤之推理者也。故前數章既示發見思考之正路之法。此章當進而示吾人以所易入之歧路也。

吾人於論虛妄時、當遵二千年來所用之分類法。蓋雅里大德勒已詳論此問題故也。據雅氏之分類法則虛妄可分爲二大種。辨學上之虛妄、及實質上之虛妄是也。

（一）辨學上之虛妄謂虛妄之存於論證之形式者。雖吾人不知所論證之事物。猶得由論證之形式而發見其虛妄者也。

（二）實質上之虛妄。不起於論證之形式。而起於所論證之事物。故非有此事物之知識。不能發見其虛妄也。

辨學上之虛妄。更得分爲純辨學的及半辨學的二種。前者謂顯背推理式之規則者。得列舉之如左。

(一)四名辭之虛妄、卽背第一規則者。
(二)中名辭不分配之之虛妄、卽背第三規則者。
(三)大名辭或小名辭泛濫之虛妄、卽背第四規則者。
(四)否定的前提之虛妄卽背第五規則者。
至背第六規則者。吾人無特別之名以名之若背第七第八規則者。則得分解之爲上文之虛妄也。參攷第十六章及第十七章
半辨學的虛妄、其數凡六種。如左、
(一)名辭混淆之虛妄
(二)句法混淆之虛妄
(三)綜合之虛妄
(四)區分之虛妄
(五)讀法之虛妄
(六)詞類之虛妄
所謂名辭混淆之虛妄者。謂一辭而用爲二意者也。雖推理式中之三名辭。皆得陷於

此虛妄。然以中名辭爲最。卽中名辭之在一前提中、有此意義。而其在他前提中、又有彼意義是也。此種虛妄。可謂之中名辭混淆之虛妄。苟吾人區別此二意義。而各以適宜之名辭表之。則此推理式中、明明有四名辭。故此種虛妄。謂之四名辭之虛妄之變形。無不可也。如吾人謂「凡刑法上所載者、法律之所罰也。捕盜之事、載於刑法。故捕盜之事、法律之所罰也。」此際「刑法上所載者」一語。於二前提中有二意義。故決非眞正之中名辭明矣。然此種虛妄。亦有甚曖昧、而吾人得持相異之意見者。其例如左。

凡害他人者當罰。而傳染瘟疫於他人者、害他人者也。故傳染瘟疫於他人者、當罰也。

此種論證之確不確。全視其害人之道如何。如由惡意則確。由疏忽則不確。許多法律上之問題。多屬此種。其例如左。

妨礙他人法律之所罰也

嗇喧譁之犬者妨害他人

故嗇喧譁之犬者法律之所罰也

此問題之歸宿。存於法律上所罰之妨礙之程度如何。又有一例。

干涉他人之事業者非法也
賤售干涉他人之事業
故賤售非法也

此問題當歸於干涉之種類之問題。而賤售之非大前提所云干涉之一種。昭昭然矣。

句法混淆之虛妄。謂由一句文法上之混淆而生誤解者也。狄斯丕爾亨利第四戲曲中。載神之預言曰「公爵尚存。則亨利將廢。」其爲公爵之廢亨利歟。抑亨利之廢公爵歟。吾人所不能定矣。（史記魏其侯武安侯列傳曰使武安侯在者族矣若離上文則武安侯之族人抑彼族均不可知也）此種預言實模倣古代台爾斐廟之神讖。而一切神讖。皆由此種虛妄、以神其前知之術者也。拉丁文字、最易陷於此弊。以句中各語、不必有一定之次序。苟非自其上下文之意義。殆不能定其一句之意義。「二乘二及三」吾人得視爲七或爲十。以吾人此際、得先乘後加。亦得先加後乘故也。吾人造句疎忽時。往往生種種之混淆。如吾人謂「我畢我事而以明日歸」此語得解爲明日畢事而歸。然若解爲事以今日畢、而人以明日歸。亦無不可也。此種混淆。得變言語之次序以避之。如云「我明日畢我事而歸。」則其意已確定矣。至複句中亦往往因主語與賓語之關係、而生句法之混淆。如云「鉑與鐵乃最稀見及最有用之金類也」由是命題吾人得以最有用之賓語加諸鉑。而以最稀見之賓語加諸鐵。此全與事實相反。若易之曰「鉑與鐵一最稀見一最有用也」則可免此混淆矣。

綜合之虛妄。亦名辭混淆之一種。而由混視普徧名辭與集合名辭而起者也。即吾人於一推理式之前提、僅謂事物之各種如是。而於結論中則推論其全體如是也。如吾人謂「一切三角形之角皆小於二直角」此僅謂無論三角形之何角、皆小於二直角。而決非謂合三角形之諸角、小於二直角也。吾人不能因法庭各官喜妄斷。故而謂法庭亦喜妄斷。又不能因各訴訟上之證人不可信、而謂證人不可信。亦以是也。今日之主張保護稅者。亦出於綜合之虛妄。因各貿易之有保護稅者、易於發達。而遂視一切貿易、亦得因保護稅而發達。不知保護一貿易、而騰踊其價值。正所以妨礙一切他貿易之發達者也。

區分之虛妄。乃前者之反對。即其大前提中之中名辭、有全體之意義。而其在小前提中、則僅有部分之意義者也。如吾人謂「一切三角形之角、(合而)等於二直角。甲乙丙、三角形之一角也。故甲乙丙等於二直角。」或謂「一村之居民有男女老少。吾人所遇於商會者此村之居民也。故商會中之人員、有男女老少」或謂「控訴院之諸裁判官、不能誤解法律。某甲控訴院之裁判官也。故彼不能誤解法律」等是也。讀法之虛妄。乃由讀書時之節簇及輕重之誤所生之淆亂也。如十誡之一、曰「汝毋以妄證對汝鄰人」苟重讀汝鄰人三字。則似吾人之對他人、若不妨妄證者。然決非此誡之本意也。

故同一之句。由吾人重讀其中之一語或他語、而有相異之意義。如吾人謂「辨學之研究、不期於得許多有用之事實」由吾人讀之之如何。而得解爲辨學之研究、實能與吾人以此種不預期之事實。或解爲與吾人以少許有用之事實。或解爲與吾人以許多無用之事實等是也。蓋吾人之否定一物之有甲乙丙丁諸性質也。恆以一性質之不存在爲滿足。而對其所真信爲不存在者。恆以重讀法表之。如吾人謂「此果非甘香與熟」時。得解爲此果不甘而香且熟。或解爲此果不甘不香而熟。或解爲此果不甘不香不熟。但必重讀此三字。然後能否定此三性質。朋薩姆深懼此種種虛妄。故常使一人讀其書而已聽之。以改正其書之曖混處云。

詞類之虛妄。較前數者不甚重要。此由誤一詞爲他詞而生虛妄者也。雅里大德勒曾舉次例、曰「凡人行走時步而往也。某行一日。某步而往於日也。」此由前提中一日之副詞、於結論中變爲「日」之名辭所生之虛妄也。

第二十章　物質上之虛妄

今當進而攷察物質上之虛妄。此種虛妄、甚爲深邃而不易舉。略例以明之。雅里大德勒分此種虛妄爲八種。以後辨學家皆承用之。其種類如左。

(一)偶然性之虛妄
(二)偶然性之虛妄之反對的虛妄
(三)不相應之結論
(四)循環之證明
(五)結果之虛妄
(六)原因之虛妄
(七)許多問題之虛妄

第一第二兩種之虛妄。以合論之爲便。所謂偶然性之虛妄者。存於自普偏之規則、而推特別之境遇。而此境遇中偶然之情狀。使此規則不能應用者也。其反對之虛妄。則存於由特別之境遇、而推論普偏之法則。卽由在一條件下之議論、而入於無此條件之議論者也。穆爾干於其虛妄論中、謂吾人於此二種外。尙有一種之虛妄。卽自一特別之境遇、而推論他特別之境遇是也。

今當以數例示此三種之虛妄。但各例之屬於三種中之何種、固不易遽定也。最古之例之見於各辨學書中者如下。曰「汝昨日所購之食物、今日食之。汝昨日購生肉。故汝今日食生肉。」此結論中之所斷。於所購之食物上、加以「生」之偶然性。然第一前提中其但說食物之本質、而不計此偶然性明矣。此乃偶然性之直接的虛妄也。如吾人因酒過其量則爲毒藥。而斷酒常爲毒藥。則又爲其反對之虛妄也。

如吾人謂「人人有發表自己之意見之權利。故爲官吏者得利用其權力以發表自己宗教上之意見」此亦偶然性之直接虛妄也。何則、官吏自其爲一人之方面言之。固有他人所有之權利。然既爲官吏。則異於他人。而必不可利用其勢力。以擴張其爲常人時之權利明矣。更舉他例以明之。吾人謂「折割他人者有罪。外科醫之治疾也、實折割他人。故外科醫有罪。」此論之虛妄顯然。然未易決其屬於何種也。如吾人先述一普偏之規則。而謂凡折割人者、除外科醫之出於善意外、皆有罪。則上文之例。乃偶然性之直接的虛妄。如吾人解第一前提中之折割。爲出乎惡意之舉動。則此例實爲自一特別之境遇、而推論他特別之境遇之虛妄也。

夫謂喜施舍者增乞丐之數。而有害於社會。是固然矣。然吾人由此、而謂要求吾人之救濟者。吾人決不當救濟之。此又陷於偶然性之反對的虛妄。以吾人此際自以乞貸爲職業者之不可援助、而遂斷定一切乞貸者之皆不可援助故也。「無訟爲善」固一古代之格言。然人生之境遇中、亦有義務上不能不行訴訟者。一切道德及法律上之疑問。大抵起於不能決道德及法律上之規則之得應用於某事與否。而對此等問題。雖裁判官中、亦有種種之意見也。

不相應之結論。乃第三種之虛妄。自學語上言之。亦謂之反駁之誤。此即論證之入於歧路。而視證明一事物爲證明他事物者也。吾人就此種虛妄。不能舉一精密之例。何則、此等虛妄、多插於長演說中。以言語過多。吾人得有混淆之餘地故也。欲持脆弱之議論者。往往利用此種之虛妄。所謂朦混的論證、即不論一事之是非、而但論爲此事者之品格及位置者。即此虛妄之一種。何則、人如以有罪被告不能鳴原告之惡以道之。如反對議會之改一法律、而謂改者之非正人。此亦不相應之結論。不足以證此法律之不當改也。如吾人拒他人之勸諫而曰夫子教我以正、夫子未出於正也。是亦一不相應之結論以勸諫者之品格。與其勸諫之是否。毫無關繫故也。

所謂普及之論證亦此虛妄之一種。此對公衆之全體、而激發其感情、使深信自己之說者。乃雄辨家及政論家之大武器也。

循環證明之虛妄。自其拉丁語之本義言之。謂之要求問題之虛妄。然不如謂之循環證明之適當也。此種虛妄存於以論證之結論爲其前提之一。夫謂一推理式之結論暗示於其前提中。固自不誤。然必二前提相結合而後可。否則各前提之所論斷者。固大異於結論也。如次例、

地人也

天地也

故天人也

其結論雖自二前提演繹而出。然此二前提無一與結論相合者。然使此二前提之一。其眞理存於次式。

人地也

天人也

故天地也

則明明欲以此命題之自己證明自己。與欲置一物於此物之自身上無以異也。今欲以例示此種之虛妄。頗不易易。何則、此種虛妄、僅得見於長議論中（如形而上學之著作）故也。吾人兼用希臘拉丁及英語時。易陷於此病。以吾人此際所視爲以一命題證明他命題者。實不外以異語表同義。如吾人云「意識必爲一事物之直接的知識。因吾心苟不直接爲此事物所感動。吾人不能言知此事物故也。」

當用選言的推理式時、亦有時陷於此種之虛妄。以吾人此際、易列舉合於吾人之意見之條目、而忘却反對之之他條目故也。希臘古代之哲學家、證明運動不可能之詭辯。卽屬此種。曰「運動之物體。必運動於此物所在之處。或其所不在之處。今物體不在之處。不能有物體。又其運動時不能仍在所在之處。故運動全不可能也。」此種謬誤、實存於其前提之預想結論。其眞正之前提當云「運動之物體。運動於其一時所在之處、及次時所在之處之中間者也。」

朋薩姆謂吾人用一名時。亦得陷於循環證明之虛妄。如於教會中論一學說之當闢時。若云「此說爲異端。故當闢。」此亦一循環證明也。何則、吾人謂此說爲異端時。已豫想結論。以無論何人。皆知異端爲當闢之說故也。吾人於議院中、常謂一稟詞不合憲法。故當駁之。然何者爲合憲法、何者不合憲法。尙無精密之定義。故此語不過出於不喜反對黨之說而已。名辭之常用於此種虛妄者。朋薩姆謂之要求問題之形容詞云。

結論之虛妄。謂散漫無紀之論證。不能發見其證明力者也。自實際上言之、則此種論證之結論、與其前提毫無關繫者也。雅里大德勒曾舉數例。如人以五倍子之色與蜂蜜相同。而以五倍子爲蜂蜜。或以地遇雨則濕。而由地濕以推斷天雨。不知此等前提與結論。實無必然之關繫存也。（原書係引穆爾干氏所舉之例然此例係述英國敎會之事我國人不易知其虛妄故以雅氏書中之例易之）

所謂原因之虛妄者。謂預想一事物爲他事物之原因。而無充足之根據者也。氣候之變化。昔人多歸之於新月或滿月之影響。然月之不能影響於氣候。今日之所已證明也。又古代以國家之大變、出於彗星既見之後。而遂以彗星爲禍變之原因。拉丁諺曰、在其後者。卽其結果。可謂明示此種虛妄之性質者。雖吾人今日之議論。猶多陷於此種虛妄者。如吾人預想英國之雄富、爲國民性格之結果。殊不知煤礦之豐富、與其瀕海之位置其貢獻於英國之雄富者亦不少也。至全蔑視國民之性格、而謂愛爾蘭人今日之困苦、全由英人轄治之失宜者、亦不能免此種之虛妄也。

吾人當進而攷許多問題之虛妄。此種虛妄。存於結合二問題或三問題爲一。而吾人不能眞正答之。律師之在法庭時、恒以此種虛妄質問證人。而使之不知所答。雅里大德勒曰。許多問題之合於一問題中者。當分析之爲各部分。唯純一之問題。始得有純一之答語。故一主語之有數賓語、或數主語之僅有一賓語者。皆非質問之正式。唯一主語之一賓語。吾人始得以純一之答語肯定之、或否定之耳。

第六篇　最近辨學上之見解

第二十一章　賓語之分量

前數章之說明推理式也。與二千餘年前之說明、不甚相遠。今日之授幾何學者。猶遵歐几里得之方法及次序。辨學亦然。雖今日之授辨學者。猶較紀元前三百三十五年雅里大德勒之所教者。無甚進步也。

唯近數年中、英國學者始議歐氏幾何學之不完全。而雅氏之推理式之不完全。自三四十年來、學者亦漸知之。有名之學問家如赫米爾敦、穆爾干、託姆孫、簿爾等。皆主張此學根本上之改革者也。此種辨學上之改革。吾人以神秘之名呼之。所謂加賓語之分量是也。然讀者苟貫徹上數章之意義。則此語自不難解。卽加賓語之分量者。不外述賓語之全體或部分、與主語符合或不符合也。在次命題中、

一切金類皆原質也

主語有分量而賓語無分量。故吾人由此命題、能知一切金類之皆爲原質。然金類之能蔽原質之全體與否。則無自知之。今進而加賓語以分量。則其命題如左。

一切金類乃若干原質也

此若干二字。明示金類不過爲原質之一部。其賢於前命題審矣。原雅氏之所以不加分量於賓語者。彼以一切肯定命題、但有特別的賓語。唯否定命題、始有普徧的賓語故耳。然此說實甚不確。肯定命題之能有普徧的賓語者。其數不勝枚舉。例如

一切等邊三角形皆一切等角三角形也

然此命題之見於雅氏之系統中時。僅有不完全之形式。如

一切等邊三角形皆等角三角形也

他命題如

　倫敦英國之都城也

又如

　鐵最廉之金類也

皆不能發見其位置於雅氏之系統中。以此賓主二語、皆單純名辭、而互相同一。因之二者皆爲普徧名辭故也。

吾人既承認賓語之分量。則推理之形式、亦爲之簡易。先就轉換之作用攷之。余於前章既述限制之轉換與單純之轉換之區別。然賓語既有分量後。則但有單純之轉換法一種足矣。如加分量之命題

　一切金類乃若干原質也

今應用單純轉換法、則如左。

　若干原質乃一切金類也

又特別肯定命題

　若干金類乃若干脆質也

今但易名辭之位置則如左。

若干脆質乃若干金類也

至特別否定命題。如

若干人非若干可信者也

今用單純之轉換法。則爲

非若干可信者若干人

以此命題較之次之肯定形式。

若干人乃若干不可信者也

若直接轉之。則爲

若干不可信者若干人也

今比較二者、則前二者似不自然。然無礙其爲確實也。

普偏否定命題E之可用單純轉換法第十章中已論之。此際亦然。至肯定命題之主語及賓語皆普偏者。如

一切等邊三角形卽一切等角三角形也

其得行單純之轉換而曰

一切等角三角形卽一切等邊三角形

明矣。

此種二重普徧肯定命題吾人頗多用之。一切定義及單純命題皆是也。試舉數例。如「誠實乃最佳之策略」「最大之眞理卽最簡之眞理」等是也。

如肯定命題之主賓二語皆有分量則得由次規則而行直接之推理。此規則何、謂吾人所以處一名辭者亦當以之處他名辭是也。故從「誠實乃最佳之策略」之二重普徧命題。吾人得推論「凡非最佳之策略者非誠實也」及「凡非誠實者非最佳之策略者也。」吾人由此命題、明明得推論二對峙命題。然在通常之命題A。不過能推論一對峙命題。此第十章所既論也。如吾人謂「金類爲原質」決不能由此命題而謂「凡非金類者卽非原質」然若以分量加於賓語、而謂「一切金類乃若干原質」則吾人得謂「凡非金類者卽非若干原質也。」至加語之直接推理及複語之直接推理。亦得直應用於加分量之命題。而不必慮其陷於第十章所陷之謬誤也。

今既以分量加於賓語。則推理式中所有命題之種類。必倍於昔。何則、A I E O 四命題之各賓語。得或爲普徧或爲特別故也。如是、故得八種之命題如左。

肯定命題

U	一切天乃一切地也
I	若干天乃若干地也
A	一切天乃若干地也
Y	若干地乃一切天也

否定命題

E	一切天非一切地也
o	若干天非若干地也
e	一切天非若干地也
O	若干天非一切地也

此中天與地各以表主語及賓語。而命題之記號。則託姆孫之所定也。即二重普徧肯定命題謂之U。而A之單純轉換命題謂之Y。至字母e(ē)與o(ō)則以表E與O之普徧賓語、變爲特別賓語者也。此八種之命題、赫米爾敦曾列舉之。然託姆孫則謂e

與o二命題實際上所不用也。朋薩姆之辨學新系統一書。已列八種命題之全表。此書出版於千八百二十七年。先於赫氏書之出版者數載。然朋氏謂此八命題中有不能互相區別者。如A之於Y e之於O。皆得行單純之轉換而不得視爲二種也。託姆孫既承認二種之新命題U與Y。故推理式之表。非增至六十二不可。而第四圖形、尚不在內。以此圖形爲赫託二氏所不用故也。若全承認八種之命題。則於所用之三圖形中當各含肯定形式十二與否定形式二十四。下文所揭此等形式之全表。託氏思想之法則一書中所載者是也。

推理式之形

	第一圖形 肯定	第一圖形 否定	第二圖形 肯定	第二圖形 否定
一	UUU	EUE UEE	UUU	EUE UEE
二	AYI	eYo AOo	YYI	OYo YOo
三	AAA	eAe Aee	YAA	OAe Yee
四	YYY	OYO YOO	AYY	eYO AOO
五	AII	eIo Aoo	YII	OIo Yoo
六	IYI	oYo IOo	IYI	oYo IOo
七	UYY	EYO UOO	UYY	EYO UOO
八	AUA	eUe AEe	YUA	OUe eEe
九	UAA	EAE Uee	UAA	EAE Uee
十	YUY	OUO YEE	AUY	eUO AEE
十一	UII	EIO Uoo	UII	EIO Uoo
十二	IUI	oUo IOe	IUI	oUo IEe

此表內字母右

式表		
第三圖形	肯定	否定
	UUU	EUE
		UEE
	AAI	eAo
		Aeo
	AYA	eYe
		AOe
	YAY	OAO
		YeO
	AII	eIo
		Aoo
	IAI	oAo
		Ieo
	UAY	EAO
		UeO
	AUA	eUe
		AEe
	UYA	EYE
		UOe
	YUY	OUO
		YEE
	UII	EIO
		Uoo
	IUI	oUo
		IEe
行讀之		

赫米爾敦又發明一種之記號。以明一切推理式之形式。彼以字母M表一推理式之中名辭。而以英字母C及希臘字母Γ、表結論中之二名辭。又命題中之連辭。則以一粗線表之。自主語向賓語而漸細者也。如M▶C、謂M即C也。至名辭之分量。則彼於名辭及連辭間、以雙點（:）表名辭之普徧的分量。以半點（,）表特別的分量。故吾人得表下肯定命題如左。

C:▶.M　一切C乃若干M也　（A）

C:▶:M　一切C乃一切M也　（U）

C,▶,M　若干C乃若干M也　（I）

以下倣此。而一切肯定命題。皆得轉換之爲相當之否定命題。此否定之記號。於表連辭之粗線上、加橫線以別之。如左、

C:▶:M（粗線上加橫線）　一切C非一切M也　（E）

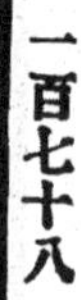

C, : M 若干C非一切M也 (O)

C, , M 若干C非若干M也 (W)

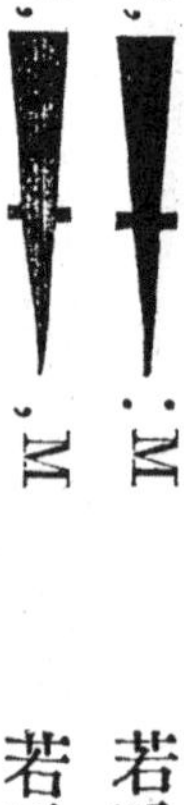

一切推理式得置M於中央。而使其兩邊與他名辭相聯絡以表之。而結論中之連辭。得置諸其下。如 Barbara 式得表之如左。

C, : M, : T

否定形式 Belarent 亦然。

C: : M, : T

若表第二圖形中之 Besare 式則如左。

C: : M : T

赫米爾敦又定推理式之新律令以試驗一切推理式。其律令如下。曰「凡二名辭之一、與第三公共名辭。此第三名辭至少必與二名辭之一有積極的關係 若以其一爲主語、而以其他爲賓語時。

有較劣之關繫。此關繫亦當存於此二名辭間」是也。所謂較劣之關繫者。赫氏意謂否定之關繫、劣於肯定。特別之關繫、劣於普偏也。此律令實包含第六第八二規則。即謂「有一否定前提其結論必爲否定有一特別前提其結論必爲特別」之規則是也。又就三種圖形。皆得由此根本律令、而演繹特別之律令。然此使名學之系統、更趨於複雜。而吾人由加命題之分量所得之利益。幾由此失之矣。

穆爾干亦發見加賓語之分量之利益。然其所作之系統。與赫米爾敦異。此見於其所著之形式辨學等書者也。又數目上一定之推理式之完全之說明。亦得於此等書籍中發見之。穆氏又謂雖二特別前提。如二名辭之分量相加、過於中名辭之分量。則亦得由此等前提而引確實之結論。例如知會員之大半議決一問題。又同會員之大半議決他問題。則此大半中之一部、議決第一問題者。亦必議決第二問題。何則、會員之二大半相加、超於會員之總數。故議決此二問題者。不盡相異之人明矣。此種推理。赫氏以爲存於各名辭完全之分配。而吾人對命題中之各名辭。如有其數之明晰之觀念者。謂之複數命題云。

第二十二章　簿爾之辨學系統

簿爾所發明之間接推理之系統。不能容於初等辨學中。彼之系統、亦加分量於賓語。彼視辨學爲數學之一部。而信一切推理、皆得以代數之原理行之。彼所用之方法。甚爲曖昧及艱困。故不能揷入於初等辨學中也。

今不藉數學之助。亦能達簿氏所得之結果。雖此簡易之方法。不能卽謂之簿氏之方法。然亦與之相似、而得悉證明彼之所證明。此種間接推理法根於思想之三大法則。此等法則、讀者雖或視爲無用之眞理。不知最豐富及偉大之演繹法。得由此而引伸也。

不容中立之法則。能使吾人斷某事物必有所與之某性質、或必無所與之某性質。今使所與之事物爲「鐵、」而一所與之性質爲「可燃性。」無論何人。必能斷

鐵可燃或不可燃也

此條目之區分法。吾人得任意反覆之。今使所區分之事物爲書籍。而二性質爲英文及科學。則書籍必或爲英文、或非英文也。又英文之書籍中。必或爲科學或非科學。非英文之書籍亦然。於是得分書籍爲四類。

科學之英文書

非科學之英文書

非英文之科學書

非英文之非科學書

此簿克氏所謂完全之區分。以無論何書籍、不能出於此四類之外。苟不能列於前三類中。則必屬於第四類無疑也。而此區分法、又可反覆之以訖於無窮。如前各類、又得分爲八折本及非八折本。八折本已製本及未製本。倫敦版及非倫敦版等是也。此二重區分法。得謂之一名辭之發展。以其能使吾人發展一切所當攷之條目故也。然此等發展之條目。非皆能存在。故吾人攷所當攷者。能存在之條目果有若干是也。此際矛盾之法則。示吾人以一事物不能含矛盾之二性質。而吾人苟遇一自相矛盾之條目。不可不除去之。今取推理式之舊例。如

鐵金類也

一切金類皆原質

故鐵原質也

此推理式之結論。亦得以間接方法證之。蓋吾人如發展「鐵」之名辭。則得四種之條目。

鐵、金類、原質

鐵、金類、非原質

鐵、非金類、原質、

鐵、非金類、非原質、

今若以各條目比較此推理式之前提。則知有許多條目不能存在。何則、前提既示我以鐵之爲金類。則「非金類之鐵」不能存在。故由第一前提。則第三第四兩條目、可得而除去矣。至第二條目、結合金類與非原質者。亦得由第二前提除去之。以此前提明示金類之爲原質故也。故此二前提果皆確實。則能存在者唯有一條目。又此四條目外。更無可能之條目。故鐵唯能與金類及原質之二性質結合。更畧言之、則鐵一原質也。

吾人用此方法時。不獨能由二前提而證明普通之推理式的結論。又得由之而證明他種之結論。而推理式的結論。不過自所與之前提所能得之結論中之一種而已。如吾人欲知「非原質」之名辭之性質。亦得由上例中之二前提攷之。卽吾人能發展此名辭之條目、與發展「鐵」之名辭時無異。其條件如左。

非原質、鐵、金類、

非原質、鐵、非金類、

非原質、非鐵、金類、

非原質、非鐵、非金類、

今以此等條目與二前提相比較。則第一第三兩條目不能存在。以一切金類皆原質故也。第二條目亦然。以鐵爲金類、故不能與非金類之性質相結合也。故此際所存在者、僅有一條目。卽

非原質非鐵非金類

是也。如此、吾人得從前例中之二前提。而知非原質之非金類亦非鐵也。

此種演繹法。吾人得引選言推理式之例以明之。如左、

一切細菌非植物卽動物也

今細菌非動物

故細菌植物也

今發展細菌植物動物三者相結合之道。則就細菌之一名辭、所有可能之條目如下。

(一)細菌、植物、動物、

(二)細菌、植物、非動物、

(三)細菌、非植物、動物、

(四)細菌、非植物、非動物、

此中第四條目、斷不能存在。何則、由第一前提所說。一細菌必爲植物。不然、則必爲動物故也。第一第三兩條目亦然。何則、第二前提旣示吾人以細菌非動物。故所存者唯第二條目、卽

細菌植物非動物

吾人由是始知推理式的結論、卽所謂「細菌植物也。」此種演繹法之優勝。在其應用不限於推理式之形式、而得應用於一切命題。今有若干前提。而其中又各含若干名辭。吾人之由此推理也。不外發展其名辭爲一切條目。而後攷察其中之合於前提者、共若干條。其攷察後所存之條目。卽此名辭之性質也。

此方法之不便處。唯在名辭愈多、而所攷察之條目、亦隨之而多時。不易記錄耳。今若用代數之法。而以一字代名辭。卽以甲乙丙丁代積極名辭。以呷吆唡叮代其相當之消極名辭。則其手段亦得稍爲簡易。今舉前提之第一例如左。

有機質或爲植物質或爲動物質

植物質主自炭、輕氣、淡氣成

動物質亦主自炭、輕氣、淡氣成

今欲全記錄此四名辭之結合法。甚爲煩難。然苟以字代之。如左、

甲＝＝有機質

乙＝＝植物質

丙＝＝動物質

丁＝＝主自炭輕氣淡氣成立

則一切結合之得屬於甲者如左。

(一)甲乙丙丁　(五)甲吆丙丁

(二)甲乙丙叮　(六)甲吆唡叮

(三)甲乙⿰口丙丁　(七)甲⿰口乙⿰口丙丁

(四)甲乙⿰口丙叮　(八)甲⿰口乙⿰口丙叮

今前提之所言者如左。

甲非乙則丙也

乙必爲丁

丙必爲丁

則(七)與(八)二條目與第一前提不能相容。(三)與(四)與第二前提、(六)與第三前提、皆不能相容。而所存之條目僅如左。

甲乙丙丁

甲乙⿰口丙丁

甲⿰口乙丙丁

由是觀之。可知有機質(甲)常自炭輕氣及淡氣成立。以其常與(丁)相結合故也。讀者苟視甲乙丙丁爲示有機質(甲)、得同時爲植物質(乙)及動物質(丙)。而又以第一前提爲斷此事之不可能時。則必除去此條目。然選言命題之各條目之能同時存在與否尙爲未決之問題。自吾人觀之。盜謂其能同時存在爲妥也。且世非無極單簡之生物、不能斷其爲動爲植、而兼有此二者之性質者。固一事實也。用此方法。得處理更複雜之問題。今引簿爾氏「思想之法則」一書中所述之前提以明之。

相似之圖形存於其相當之各角皆相等及其相當之各邊皆相爲比例

三角形之相當之各角皆相等者其相當之各邊亦相爲比例

三角形之相當之各邊相爲比例者其相當之各角亦必相等

今以記號表此三前提中之名辭如左。

甲＝＝相似之圖形

乙＝＝三角形

丙＝＝相當之各角相等者

丁＝＝相當之各邊相爲比例者

則前提之所言者當如左。

甲同於丙丁

乙丙同於乙丁

易言以明之。則一切甲當爲丙丁、一切丙丁當爲甲、一切乙丙當爲乙丁、及一切乙丁當爲乙丙也。

此際記號所能相結合之條目。共有十六。其表如左。

甲乙丙丁	呷乙丙丁
甲乙丙叮	呷乙丙叮
甲乙⿰口丙丁	呷乙⿰口丙丁
甲乙⿰口丙叮	呷乙⿰口丙叮
甲⿰口乙丙丁	呷⿰口乙丙丁
甲⿰口乙丙叮	呷⿰口乙丙叮
甲⿰口乙⿰口丙丁	呷⿰口乙⿰口丙丁
甲⿰口乙⿰口丙叮	呷⿰口乙⿰口丙叮

今以各條目與前提相比較。則　甲乙丙叮　甲乙⿰口丙丁　甲乙⿰口丙叮等皆在除去之列。以前提中明示一切甲皆爲丙丁故也。　呷乙丙丁　呷⿰口乙丙丁等亦然。以各丙丁

皆爲甲故。且甲′乙丙丁′亦與前提不能相容。以前提中又明言一切乙丙皆乙丁故也。

苟讀者一一攷察、則知合於前提者僅有六條目。如左、

甲乙丙丁	甲′乙丙′丁′
甲乙′丙丁	甲′乙′丙丁′
	甲′乙′丙′丁
	甲′乙′丙′丁′

由此等條目。吾人得引伸各事物之合於此前提者。蓋以相同之圖形、(甲類)只有二條目而不相同之圖形、(甲′類)只有四條目。吾人由此得引下文之結論。曰不相同之圖形。如爲三角形、則其相當之角必不相等。而其相當之邊必不相爲比例。(甲′乙丙′丁′)如非三角形。則或其角相等。而其邊不相爲比例。(甲′乙′丙丁′)或其邊相爲比例、而其角不相等。(甲′乙′丙′丁)或其相當之角不相等、而其相當之邊亦不相爲比例(甲′乙′丙′丁′)也。

欲實行此推論法時。知此法雖甚簡易。然其所當攷察之條目之多。亦其不便處也。予曾由種種之手段、以省其勞力。其最簡易者。則雕上文所記十六種之結合於石版而

遇矛盾之結合時。則以石筆抹之。拭去後仍得以供他日之用。第二手段則用所謂辨學盤。卽印記號於附針之木片上。而各片皆得易於除去之。此際辨學上之問題。簡謂之以手解釋之、而非以腦解釋之也。予最新所發明者則謂之辨學機械。此機之前、有能動之木繩。以貫上頁所示十六種之記號結合法。其足有鍵二十一、與洋琴同。八鍵之向左側者、各記甲呷乙吃丙哂丁叮八字。以表命題之主語。其向右側之八鍵。亦記相同之字以表賓語。而命題之連辭。則以中間之鍵表之。其在最右之鍵。則用以停止此機械。又其他二鍵。則用以表選言命題中之接續詞「或」字者也。今若以各字表一推理式或他論證中之名辭。則當依前提中言語之次序、而遞按其代表之之鍵。此際十六種之結合。其不能成立者自去、而能成立者獨存。故吾人用此機械得問一切之問題。而其所存留者。卽其確實之答案也。此機械之內部的搆造。實本於複雜之計算。而簿克氏之推理法。得以此執行之。唯其中最左側之一鍵。則用以消去一切變化、而使復於固有之排列式。以爲第二次之用者也。

關此機械之記述、得發見於千八百七十年正月所出之國家學會雜誌中。因此機械曾以此際展覽於該會故也。此種推理之原理、予於所著「同類之更替及科學之原理」二書中詳述之。以不適於辨學之初步。故不述於此。然其推理之行程、本於簿爾之系統者。其性質甚爲明晰。而又得約之爲器械的形式、以證其確實。故不憚於此述之也。

第七篇　方法論

第二十三章　方法論——分析及綜合

許多辨學家、謂辨學於論名辭命題推理式之三部分外。當有第四部分、以論方法。夫判斷論乃論結合名辭爲命題之法。推理論論結合命題爲推理式之法。故方法論亦當論推理式之排列法、且結合之而爲一完全議論之法者也。故方法者、可謂存於位置一議論之部分、而使其全體易解者也。

其始以方法論爲辨學之一部分者。實爲彼得拉穆斯。然於排列論證（推理式所表者）之時、果有確定之規則或原理否。吾人之所疑問也。夫議論皆自許多論證成立。而論證之排列法。實由所議論之事物之特質。故欲對之而與以普偏之規則。吾知其非易也。故此際所假定之普偏規則。不外自明之眞理、卽吾人之所已知者。其條目如下。

（一）無不足或有餘

（三）其分離之各部分當互相符合

（三）非適於議論之目的者不可使用之

（四）分離之各部分當以適當之法聯絡之

然此際之所難者。存於決定何者爲不足、何者爲有餘、何者爲適當、何者爲符合。而上文之規則、但示吾人以其所當爲。尙未示其如何而能爲此也。

然處理事物時、自有普偏之方法。此辨學之生徒之所宜知也。雖吾人當如何用此方法、或於何時用此方法。辨學上所不能言。然能示吾人以此種方法之性質及勢力。而使吾人自運用之。其方法有二。

（一）發明之方法

（二）敎訓之方法

發明之方法。所用以得知識。而由推論及歸納之作用、蒐集特別之事實、以達一普偏之眞理者也。此方法當於下數章詳論之。第二方法。則使吾人知古人所旣得普偏之知識。又使適用此知識於特別之事物者也。

以例言之。生徒之學希臘拉丁法語德語及他熟知之國語者。各有完全之文法。以示此國語之規則。彼既受此敎訓。而對敎師及著者之所言而信任之、記憶之。則其後此之所爲。不過於讀此國之書作此國之文時、應用此等規則而已。一言以蔽之。彼之所用者。敎訓之方法也。然今若得一緬甸或暹羅文之書籍。而欲知其字母單語及文法。則其方法與學希臘拉丁文時大異。蓋吾人此際、無文法上之規則。而唯有從此規則之語句。必觀察其語句。然後能得此種之規則也。一言以蔽之。吾人此際實用發明之方法。卽比較許多之語句、以發明其中普偏之形式是也。此作用與歸納法全不相異。然更難於普通之歸納法。又其成功多存於想像及假定。此又不可無若干之技巧也。研究自然之事物時亦然。重學之原理、如槓杆斜面與他機械力之原理、及運動之法則。其見於敎訓之書籍中者。似甚爲簡易。然古代之哲學家並無此種書籍。而唯有自然之書籍。夫見於自然中者。非此種法則。而僅此種法則之結果。唯由最堅忍最精巧之研究。復經過若干之錯誤。始能發見此種法則耳。如歌白尼之天文學系統說行星以不等之軌道迴繞太陽者。自今日觀之。至爲易解。且吾人既知此說。自不難說明行星之運動及位置所以如此變化之故。及其所以若不動之故。又由地球之自轉。而此等行星於其自己之運動外、若常繞地球而運動之故。亦不難知之。然以地球爲靜止之古人則此種變化、自爲非常繁難之問題也。發明之方法。始於觀察感官上之事實。而由此種事實、以發見普徧之法則。此其所難也。何則、此等法則、唯由智力知之、而不能由感官知之故也。故此方法、可謂之自感官所易知者而入於思想上所易知者也。若教訓之方法。則趨於反對之方向。卽自思想上所易知者以說明感官上所易知者。故其對發明法之區別。如藏匿與尋覓之區別。凡人之自藏一物者。必能自發見之。但尋覓他人之所藏者。非用自己勤且巧之研究。不能發見之也。

有與發明法及教訓法精密相似者。則分析之方法與綜合之方法是也。學者欲應用此種方法。不可不知此二語之意義。所謂分析者、乃分析一全體爲若干部分之謂。而所謂綜合者。則謂結合部分而爲一全體者也。分析之化學家。當其攷察一礦物也、能分解之爲若干原質。而言此種原質之性質及分量。此乃化學上之分析也。若稱量若干原質之分量、而合之以成一物質。是謂化學上之綜合。辨學上之分析及綜合。雖不可與化學上之分析及綜合相混。然亦一種精神作用之與此相似者也。

辨學上之綜合。以許多簡易之觀念始、而後和合之者也。其最適之例。於幾何學初步中見之。歐几里得一書。自點線角直角圓周等之簡易觀念。始吾人結合三直線而成一三角形。更加以直角之觀念。而成直角三角形之觀念。今若有相等之直線四。使互相爲直角而結合之。則得正方形之觀念。又若於直角三角形之各邊、各置一正方形。則吾人從此等圖形之必然性。能發見在直角之二邊上之正方形、加之必等於在其第三邊（底邊）上之正方形。如歐几里得之第一書中第四十七命題所示者是也。此乃合簡易觀念爲複雜觀念之最完全之一例也。

然吾人於幾何學中、又往往用分析之方法。加幾何學上複雜之圖形。吾人欲證明其性質時、往往分析之爲若干部分。而先攷其各部分之所以相異之性質是也。

於自然科學中。亦無往不見分析法與綜合法之區別。吾人於氣候變化之記錄中。能得許多之事實。而各事實中、無不含種種之變化。如於一暴風雨中。吾人得攷風之方向、空氣之溫度及濕度、雲之高低形狀、雨之性質、及其並起之雷電等。苟吾人用分析法以說明氣候之變化。則當分析各暴風雨爲種種之形狀、以與各他暴風雨相比較。而知何種形狀、爲暴風雨中常有之形狀。如是吾人始得斷何種之雲、何方向之風、及何度之溫度及濕度、常爲暴風雨之先聲。且有時能對一切空氣中之變化、而與之以不完全之說明也。

然吾人此際、亦得用綜合之方法。卽由前此化學上之研究。而知空氣成於二種氣質。卽一養氣一淡氣、此外又含若干之水蒸氣。吾人由此知識。可進而試驗濕空氣之收縮或膨脹時。果生何種之變化乎。由是試驗。吾人得發見濕空氣之膨脹時。常生雲雨。赫敦博士又發見寒濕之空氣與溫濕之空氣互相混合時。亦生雲雨。卽由此試驗。自不難斷言空氣中所當起之變化也。若更自化學力學電學上、綜合吾人所有空氣風雲雷電等之知識。而以此說明暴風雨之現象。則較之直接觀察暴風雨者。更爲詳備。要之此章所論。已預想下章所論之歸納法。卽歸納法常等於分析法。而前此所論之演繹法。則常帶綜合之性質者也。

又有謂綜合法等於敎訓法、分析法等於發明法者。然以綜合法發明新眞理、及以分析法敎訓舊眞理。亦非不可能之事也。侯失勒約翰於其天文學概論一書中。殊多用分析法。彼預想一旁觀者初觀察天體之運動、及地球之表面。而求所以說明之之道。然後自以種種之論證、示此等現象、皆地球之圓形與其自轉及公轉之結果。又地球之位置之在太陽系統中、不過小行星之一而已。若洛克燕爾之天文學初步。則爲綜合的教訓法之標本。卽彼先論太陽以及各行星。故讀者至終篇、而得天文上完全之知識。而知其所記述者全與眞理合。故此二方法。各有自己特別之利益也。

當行分析及綜合時。由吾人觀名辭之內容或觀其外延。而二者之意義爲之一變。此又不可不知也。凡分析一羣之物之外延時。吾人必加入一性質。如分析有機物時。吾人必加入「植物的」一性質。而分之爲植物的有機物、與非植物的有機物。故於外延上所視爲分析者。自內容上視之。則綜合也。分析內容時。亦不外區分性質之一羣中之各性質、皆屬於外延較大之事物者、如分析植物的有機物之概念時。吾人實區別有機物之概念於植物之概念。自實際言之。吾人實以動物的有機物之概念。加入於現在所攷之概念也。故於內容上分析者。於外延上則爲綜合。讀者苟熟攷第五章及第十二章之說。則知此際所說二作用之關係。不過複述第五章之法則。「所謂名辭之內容愈增則其外延愈減」一是也。

吾人表演繹及歸納所得之知識之時。往往用拉丁語 a priori（先天的）及 a postriori（後天的）二語。所謂先天的推理者。謂論證之根於已知之眞理者也。後天的推理反是。則自一眞理之結果、而推論此眞理之何若者也。許多哲學家、以爲人心中自具一種之眞理。而見於一切思想之動作中。如此等眞理而果存在。則其爲先天的眞理明矣。試求其例。則如第十四章所述思想之根本法則。於吾人之思想中無不見之。卽吾人能於先天中知「物質之不能同時有重量且無重量」、及「無論何物苟非自發光卽不自發光」是也。然物質之有重量與以太之無重量。木星金星等之不自發光與彗星之稍自發光。吾人實無先天上之法則以知之。何則。此等事實、乃自然之法則與宇宙之搆造之必然的結果。吾人旣不能生而知宇宙之秘密。故此等事實、必由觀察得之。卽非用後天法。固不能得此知識也。

然在今日、先天的之名。不必限於眞理之不自觀察得者。雖後天的知識、苟久爲吾人所有、而又深知其確實。則得以之爲演繹之根據。而由是以得先天的知識。如勢力之不因自然之變化而有所增減。此今日科學家人人之所信也。如一彈中的而其勢力消失時。必變而爲他勢力。卽吾人能由先天的根據而斷其必化爲熱。而此眞理亦得由後天法證之。卽吾人苟拾取所擊之彈丸時。必感其熱是也。然此際先天知識實優於後天知識。以吾人遇不能觀察及實驗之事物時、亦得應用此知識故也。如吾人手舉一石而旋投諸地。則雖最精密之器械、不能示此石之溫度之增加。然由先天的根據得知石於此時必增其溫度。而其所增之量。且得由石之大小與所舉之高下以計之。他如那衣阿額拉瀑布所生之熱。吾人亦得不用觀察、而以同法計算之。此皆先天知識之正例。以吾人對此等事、未聞有從後天中證明之者。亦且不能從後天中證明之故也。然此種先天知識。實本於濯爾氏之實驗。即濯氏始由選擇之條件、以觀察若干之力等於若干量之熱是也。故此際所用先天之語。與哲學家所用之語。其意不同。自不待論也。

如是、故先天法。等於內容之綜合法。而後天法、自等於分析法。然二者之眞正之區別。實以演繹與歸納二語表之。歸納方法。當於後數章詳論之。

第八篇　歸納法

第二十四章　完全歸納法及歸納推理式

吾人於前數章、既攷演繹推理矣。此種推理。存於綜合二命題、或二以上之命題、（前提）以達一結論。而結論之普徧性、常不如前提。易言以明之。則結論所得應用之箇物。少於前提所得應用之箇物是也。當吾人之結合普徧之命題「金類乃熱之良導體」及他命題「鉛爲金類」也。則得自 Barbara 形式之推理式而推論「鉛爲熱之眞導體。」此命題但指一金類。其普徧性之不如前提之指一切金類明矣。歸納法則不然。自特別之事實、而進於普徧之命題、普徧之眞理、或普徧之自然律。如吾人知水星以橢圓之軌道廻繞太陽。金星然也。地球然也。火星木星等、亦莫不然。吾人於是得述簡易且普徧之眞理曰「一切行星皆以橢圓之軌道迴繞太陽者也。」此乃歸納推理之一例也。

然吾人推理時、其結論之普徧性。亦有等於前提者。如云

雪山乃英倫及威爾斯最高之山也

雪山不如朋奈微斯山之高

故英倫及威爾斯最高之山不及朋奈微斯山之高

又如

鉀乃吾人所已知之最輕之金類也

鉀又於分光鏡中現一鮮明赤色線之金類也

故吾人所已知之最輕之金類亦即金類之於分光鏡中現一鮮明之赤色線者也

觀此二例。知其中一切命題。皆爲單純命題。而但斷定單純名辭之一致。故其普徧性毫無所更變。即各結論所得應用之事物與各前提所得應用之事物無異。此種推理。所謂轉運法是也。

若夫歸納法。則不但比轉運法爲更艱難、更重要。且有艱且要於演繹法者。以此法存於發見事物間之普徧之法則、及因果之關係。一言以蔽之、則發見普徧之眞理、即眞理之得加於自然界中無限之事物者是也。吾人知識之大部分或其全體。據若干哲學家之說。皆出於歸納推理。何則、吾人之精神中。本非有普徧之知識。而但能觀察耳、比較耳、推論耳。唯教育及練習之。然後能得外界內界之知識。雖吾人嘗自一觀念或一眞理而行綜合或演繹時。似此觀念或眞理。已具於吾心。然此吾心中所具者。亦得視爲前此之無意識的觀察或歸納之結果也。此種問題。乃古今爭論未決之點。此際未易細述之。但就實際言之。則歸納法、實知識之材質之所由以運於吾心而演繹法、則所以利用所已得之知識、且由是而得行更複雜之歸納法。故其重要亦不相上下也。

所謂完全歸納法者。謂其結論所能包括之一切事物。皆已於前提中攷察之、列舉之者也。如以其中某事物存於未來或存於遠處、故而不能攷察之。則其歸納法謂之不完全。如吾人謂一歲各月皆少於三十二日。此出於完全歸納法。而爲一最確實之結論。何則、歷之爲物、乃人所自造。故吾人能確知一年之月數、及各月之必少於三十二日也。若謂行星皆以同一之方向迴繞太陽。卽由自西徂東之方向。則出於不完全之歸納法。何則、海王星外、或尚有若干行星在。而對此等行星、上文之議論、或不能應用之故也。

由此觀之、則完全與不完全之歸納法間。自有畫然之區別。而凡吾人對事物之知其存在而不能攷察者。所發之議論、皆當屬於後者也。但吾人所當記憶者。不完全之歸納法、決不與吾人以確實之結論。雖吾人謂未攷察之事物與已攷察之事物相等。亦一極可能之事。然遽謂之確實。不可得也。以例言之。如新發見之行星其迴繞太陽也、固當與舊行星之方向相同。然或與之相反。亦不可知。就行星中之衛星言之。已有若干背於此方向。故於科學上預想新事物之似舊事物者。自不能無誤。故不完全之歸納法。僅示新事物有似舊事物之或然性。若完全之歸納法。則能得必然之結論。但其結論中所斷定者。不能超乎前提中所斷定者耳。

穆勒獨於諸辨學家自樹一說。而謂完全之歸納法、不當謂之歸納法、以其未嘗導人於新知識故也。彼下歸納法之定義曰「自已知而推論未知」。而視結論中所示未攷察之事物。爲吾人推理作用之所獲物。故完全之歸納法。自彼視之、全無科學上之價值。以其結論唯以略語表前提之和。而不能有所增益故也。然余則謂完全歸納法。其性質雖如是。然尙爲科學及普通生活中所必要。苟無此法。則吾人必不能爲概括之議論。而不可不一一列舉特別之事物。其不便何如乎。如吾人攷察圖書館之書籍、而知其皆爲英文書。此際苟無完全之歸納法。則吾人勢不得不一一舉其書目。以使人知此圖書館之內容。而决不能以一命題表之曰「此圖書館之書皆英文書也。」故以僅少之語包括許多特別之事物者。乃科學上必要之事業。惟完全之歸納法。能使吾人於最小空間內、述許多特別之事物。亦如算術之全體。存於省略計算。而使吾人於最短時間內。處理甚大之數也。

完全之歸納法。恒以歸納的推理式表之。如左、

水星金星地球……等皆自西徂東而繞日者也

水星金星地球……等乃吾人所已知之行星

故一切吾人所已知之行星皆自西徂東而繞日者也

此種論證。乃眞完全之歸納法。以其結論中僅斷定一切吾人所已知之行星。故他日卽新有所發明。亦不足以撼此結論。又預想一切已知之行星、無不列舉於前提中故也。此論證之形式。乃第三圖形中之 Darapti 式。而「既知之行星」爲式中之中名辭。然就實際言之。則此式非普通之推理式。何則、小前提之說水星金星地球海王星等、不視爲含於已知之行星中者。而視爲卽已知之行星。故此前提乃二重普徧命題。第二十二章而此種命題。尙爲雅里大德勒之推理式所不認故也。故此際吾人尙得引普徧之結論。而在雅里大德勒推理式之第三圖形中。則僅許引特別之結論而已。更示完全歸納法之一例如左。

正月二月……………十二月皆少於三十二日

正月二月……十二月乃一歲中之月之全數也

故一歲中之月皆少於三十二日

世有謂歸納的推理式、實際上爲選言推理式者。赫米爾敦雖全駁此說。然今不妨試以前例變爲選言命題。

一歲之月非正月則二月非二月卽三月……………………非十一月則十二月但正月少於三十二日二月少於三十二日下至十二月莫不少於三十二日者故無論何月無不少於三十二日而一歲中不過十二月此一歲中之月無不皆然就實際言之。則前推理式之大前提、乃一複句。有十二主語、而等於十二命題。其小前提苟非如上文之選言命題。則亦與前數章所論者大異也。

吾人當自完全之歸納法、而論不完全之歸納法。但吾人之所以能由一部分之事物、而推論全體之事物者。其根據果何在乎。各辨學家對此根據之意見。各不相同。如從許多辨學書之例。而謂

此磁石彼磁石及他磁石皆能吸鐵

此磁石彼磁石及他磁石乃一切磁石也

故一切磁石皆吸鐵也

此際明明用虛妄之小前提。因此磁石彼磁石及他磁石之旣爲吾人所攷察者。決不能包括全體之磁石。故無論吾人表之之形式如何。必預想吾人所攷察之磁石、乃一切磁石之標本。大牧師徽德萊謂此預想、必須於前提中之一說之。故彼以 Barbara

式表歸納法如左。

凡屬於此磁石彼磁石及他磁石者屬於一切磁石

吸鐵之性屬於此磁石彼磁石及他磁石

故吸鐵之性屬於一切磁石

然此雖明示不完全歸納法中之預想。然不能說明吾人立此預想之根據。又此等預想、如何而始得證明其確實乎。亦其所不能說也。某辨學家謂此際實有一原理在。謂之「自然之統一」之原理。此使吾人得由其所發見於某事物者、而信其必發見於同類之事物。然吾人所當觀察者。則自然中卽有此原理。亦不能保無例外之事。何則、許多事實吾人所信爲確實者。以後或不必確實故也。如謂行星系統中之衛星、行於同一之方向。此亦歸納之結果。然至今日吾人已發見天王星之衛星實行於他衛星所行之反對方向。海王星之衛星亦然。此亦最近時之所發見也。

吾人當於下章就各部之知識、而論歸納法之確實之程度及其程度之變化焉。

第二十五章　幾何學及數學上之歸納法類推及範例

然則不完全歸納法所立之根據地如何。吾人所不可不細攷也。吾人對完全歸納法、並無艱困之處。何則、結論中所有之一切事項、皆已列舉於前提中。故結論中所與我之知識。無非前提中所與我之知識也。此種歸納推理式實不背於演繹推理式之原理。而演繹推理式之原理所要求者無他。卽結論中所含之知識、必出於前提中所含之事實。易言以明之。前提中所暗示者。於結論中明揭之是也。

至不完全之歸納法。則其性質大異。以吾人所欲對之而用此知識之事物之數。遠過於吾人所由之以得此知識之事物之數故也。吾人且先論幾何學之推理。此與歸納的推理、有大相似者。如歐几里得第五書中之第五命題。其證明在二等邊三角形之底之二角互相等也。僅取一特別之三角形以示其例。卽於紙上引一三角形、而使其二邊相等。然後證明此二邊若果相等、則對此二邊之二角、亦必相等。但歐几里得對他二等三角形。則不置一辭。彼視一二等邊三角形、爲一切二等邊三角形之標本。而使吾人信凡屬於此三角形者。必屬於他三角形。而其邊或僅可以顯微鏡視之、或大而抵於最遠之恒星。皆所不問也。夫二等三角形之數。苟自此二邊之長短、及其所含之角之大小攷之。其數當無紀極。然吾人則信此一例所證明者。得應用於無紀極之他二等邊三角形。此自一方面觀之。當爲最不完全之歸納法。然無論何人、無不以此種推理爲確實者。是何故歟。苟吾人能自地球引二線而達於二星之距地球相等者。又以一線運結此二星。則其所成之角。必互相等。此事決無能行實驗之理。然吾人則深信之而不疑者。又何故歟。

要之此種推理之普偏性。明明出於吾人深知一切二相等邊三角形之互相似。而其證明之要點。全存於二邊之相等。此一切二等邊三角形之所同也。至二邊之長短、與其所含之角之大小。決非證明之所存、而爲偶然之事。故吾人所學於一二等邊三角形者。得應用於一切新遇之二等邊三角形。數學上所有一切確實之知識。無不存於此根據也。不獨幾何學上一切眞理如是、代數亦然。如第七章所引之例。如有甲與乙二數。而以二數之和及差相乘。則得此二數之平方之差。無論甲乙二數之爲何數。此規則無往而不確實也。如甲等於一〇、乙等於七、則其和及差之積、爲 $17\times3=51$。而此二數之平方則爲 $10\times10=100$，及 $7\times7=49$。其差亦爲五十一。無論何數。無不如是。但此等規則。雖引無限之例。不足以增其確實性。雖引一例。亦不足以減之。何則、吾人既於代數上證明此規則。則自無制限此規則於某特別之數之理。而甲與乙之爲何數。吾人所不必問也。故無限數之性質、吾人得於一時證明之。此卽代數之優於算術之一特質也。而代數學上又有所謂數學的歸納法。或證明的歸納法者。其示推理之勢力最爲明晰。下文之問題。其最適之例也。如吾人取最初相近之二奇數一與三而加之。則其和爲四。即二之自乘數。若更取三奇數而加之。$1+3+5$則其和爲九。即三之自乘數。若加四奇數。$1+3+5+7$則其和爲十六。即四之自乘數。更普徧言之。則吾人苟加一串之所與之數。$1+3+5+7+9\cdots\cdots$則其和當等於所加之數之數之自乘數。人之稍解代數者。即能證明此法則之確實。今以n表所加之數之數。而預想此規則當所加之數之數迄於n度時爲確實。即

$$1+3+5+7+\cdots\cdots+(2n-1)=n^2$$

今加$2n+1$於此方程式之二側。則

$$1+3+5+7+\cdots\cdots+(2n-1)+(2n+1)=n^2+2n+1$$

而n^2+2n+1正等於$(n+1)^2$。故此規則苟所加之數之數迄於n度時爲確實。則迄於$n+1$度時亦必確實。如是、吾人得由此規則之某例而及於其次例。而凡得應用於數例者。即得應用於一切例。固無可疑也。苟有人焉、以無限之勞力。而取最初之一億奇數之和。以試驗此規則。彼亦能斷一兆之奇數之和。其性質亦必如是。此種

數學的歸納法。雖與幾何學的歸納法稍異。而其各例必自其前例出。然其由狹隘之經驗而造普徧且確實之知識。固與後者無以異也。

此種數學上之眞理。雖自觀察少許之例而得之。然吾人所以信其爲確實者。以深知各例之精密相似。故法則之得應用於一例者。必得應用於他例也。此種規則外。數學上又有他種之規則。雖同出於觀察。而吾人不能斷其各例之精密相似。苟比而論之、亦大有益也。如數學上一時有一種之說。謂無論何整數。苟於此數上加以此數之自乘數、復加以四十一。則其所得者必爲質數。質數者、謂數之除用一外不能用他整數以除盡之者也。今以記號表之。則如左。

$x^2+x+41=$質數

吾人之信此規則也。其根據僅存於試驗。而 x 之價值爲大半之數時。固如是也。今使 x 之價值。分別等於下文第一行之數。則 x^2+x+41 之價值。當分別等於第二行之數。而此等數皆質數也。

0	1	2	3	4	5	6	7	8	9	10
41	43	47	53	61	71	83	97	113	131	151

若假定此規則爲常確實則吾人不能言其理由而據試驗之結果則 x 等於四〇時則此規則不確卽 40×40＋40＋41＝1081 此明明等於41×40＋41或41×41故非質數也。

數學之一部之論數之特別之性質、及特別之種類者。尙有他種之命題。此亦但出於觀察、而視爲常確實者也。如翻爾麥德信 $2^{2^x}+1$ 之數、常爲質數。然不能言其所以然。此命題苟其積未達 4294967297 之大數時。常爲確實。然既達此數、則此數明明得以 641 除盡之。故此命題之普徧性。至此而遂失之。

由此觀之。吾人於數學之某部中。雖一例已足證明普徧之規則。而在他部中、則雖無數之例。亦不足證之。此皆存於各例之精密相似否也。卽吾人於一切質數間。不能見有精密相似之處。而使吾人由其一以例其他。但一切奇數之和與一切二等邊三角形。則吾人能知其精密相似故也。

自然科學之歸納法。亦有與此相似者。當化學家分析水之數滴、而知水九分中有養氣八分輕氣一分。彼卽能斷一切純水。無論其淵源如何、與其來自何地。莫不如是。然彼若分析某處一片之花剛石。或某處一滴之海水時。則不敢謂他處之花剛石或他處之海水無不如是。故其於一例中所發見者。決不敢應用於一切例也。廣博之經驗。示吾人以花剛石之成分、頗多變化。而海水之所以或相同者。唯由海流交錯之故。故對此等事、除經驗外。實無示吾人以自一例而推他例之道也。然化學上混合物之一定不變、如達爾敦之定量律所云者。吾人自有理由以信之。雖吾人之知此種定量也。必由實驗。然苟實驗一物質而知其如此。則無俟更試諸一切同類之他物質。以吾人深知化學的物質之互相似、為一種之自然律故也。故吾人所必要者。唯在精密分析所與之混合物。而由之以知同類之他混合物之成分而已。

然一切自然科學上之歸納法。但有或然性。卽令有確實性。亦不過假定的確實性。此又不可不知也。然則吾人果能斷定水之九分中、其一分為輕氣否乎。吾人惟由二條件斷之。

(一)吾人所試驗之水如是

(二)他質之呼為水者與吾人所試驗之水精密相似

此第一條件、吾人能斷其確實。然第二條件則不然。何則、吾人除水之為透明之流質。與其凝結而為定質、蒸發而為氣質、及有高度之比熱等外。無以知水。然則吾人果能斷流質之具此等性質者。卽爲水否乎。自實際上言之。吾人能斷其如是。自理論上言之。則固不能。二質之搆造相似、至使吾人不能發見其差別者。往往有之。於是吾人遂誤以爲一物。許多化學上新原質、爲近日之所發明者。在昔日無不視爲他原質。如鐠及鉫之互相混淆。又或誤視爲鉀。至文生及幾爾哥甫、始以分光鏡分別之。此外如硒之誤視爲硫。又他金類如鍗等。皆至今日而始得分別。故科學愈進步。則愈知吾人之誤以異物爲同物者愈多。此固無可疑者也。

今更取歸納法之他例攷之。吾人果能斷明日日出、與前此數千萬年無以異乎。吾人之所以能斷此者。唯由視行星系統之在明日、與其在數千萬年之昔無以異故也。然此際不乏種種之原因。時時足以破吾人之計算。吾人所見之日、乃一種能變化之恒星。無論何時、可以爆裂、而變爲極稀薄且有光熱之蒸氣。此變化之在他星中。吾人已觀察之矣。且行星衝突之事。前此固有之。如小行星及流星。正衝突之結果也。雖現在或無大流星彗星等。足以衝突地球而破壞之。然日之以一分時三百英里之速率行於空間也。苟與他星相遇。則其結果更爲可懼。惟此等變故或起於千百萬年後。亦未可知。然不能謂太陽系統之進行中。絕無此事也。

由是觀之。可知不完全之歸納法。決不能與吾人以確實之知識。而其一切推理。無不預想新事例之與舊事例精密相似者也。然在自然現象中。此終不過一假說。又此假說之謬誤。吾人在在得發見之。卽數學的歸納法。其確實性亦不外假定。卽必密合於所假定之條件時。方爲確實。吾人不能謂自然中之三角形。有相等之邊及相等之角。又於自然中欲求二線或二角之精密相等者。亦不可得也。然得謂其邊苟相等。則二角亦必相等。故一切推論之確實性。皆相對的也。假定的也。雖在推理式中。其結論之確實。亦存於假定前提之確實。故一切推理。得約之爲一形式曰。凡得應用於一物者。亦得應用於他物。以一切物質間有精密之相似性故也。

讀者至此。則推理之一種所謂類推者。亦可得而解之矣。精密言之。則類推者。非謂一物與他物之相同。而謂其關係之相同也。如七之數不與十同。十四不與二十同。然七與十之比。恰同於十四與二十之比。故此等數間、有可類推之點。又以二乘二。與長二單位之平方形。二者毫無相同之處。然平方形中所有之若干單位。恰與二乘二之積中、所有若干單位正同。此種類推。其理至顯。故吾人可不階試驗而斷一平方英里之爲1766×1760平方碼。然在普通言語中。則類推二字。但謂物有相同之點、而能使吾人由其一而推其他而已。

火星之有空氣與雲霧與地球相同。又其海陸之別得由其綠色帶認之。又有積雪之二極。此星之紅色亦當由空氣所致。如地球上日出沒時之紅色然。此星與地球相似如此。故吾人謂火星必有生物、與地球無異。然吾人所以能斷爲如此者。實預想生物之生活條件無不同。又預想火星上亦有生活之種子。與地球無異。果如是。則此斷言誠不謬也。至地球與太陽間。則其可類推之點愈弱。吾人雖時說太陽之空氣中、有暴風雨。或以雲物充之。然此種雲物之熱度。要非吾人所能想像。如凝而爲雨。則亦當如鎔鐵之熱也。又所謂日中黑子者。其大小實出於吾人之想像外。其最小者、足以容地球及各行星而有餘。故太陽與地球之間實無類推之可言。而對太陽及恒星中之事變。殆不能構成一概念也。

出於類推之論斷。得視爲自一例而推他例之直接歸納法。穆勒約翰曾約之爲一公式。曰、

凡二物之於一方面或數方面相似者。苟一命題得應用於一物。亦得應用於他物。

此乃一切歸納推理之標本。而其確實之度。但存於事物之相似之度。唯幾何學上之

各事物得視爲精密相同。至物理學上之事物之相同否。尙屬或然之問題。故其結論亦或然而非必然也。然穆勒自己不以幾何學上及數學上之歸納法爲眞正歸納法。讀者欲知其意見可讀其所著辨學系統之第三書第二卷。此卽所以持其意見者。余所不易解也。

人之爲一類推之論斷或歸納之論斷時。存於時時引例。蓋欲記述一類之事物之性質時。莫善於以其類中之一事物爲其代表。且區別性質之屬於此類者、與性質之專屬於此事物者。如此章所引之例及一切辨學中之例。皆使讀者得以所與之例中所觀察者應用於他相同之例。而得視此種例、爲代表一類之事物之性質者也。雖一切歸納法及類推法。皆自一原理出。然其或然性之淵源。則大不同。在類推法中。則因所與之事物相同之處極多。遂推論一例中所有之某性質、或當發見之於他例。而低度之經驗。得以高度之相似性償之。但在歸納法。則事物之相似處、不過二三。故必須許多之例、以使吾人信此等例中所發見者、或當發見於一切相同之例中。一言以蔽之。相同之內容愈小。則吾人所當研究之外延。不得不愈大也。今於下章、當論普通之歸納作用。

第二十六章　觀察及實驗

一切知識。苟窮其源、無不自經驗出。而所謂經驗者、吾心所受內外界之印象之總名也。吾心苟離經驗。決不能創造一新知識。而一切推理力之所能爲者。不過得吾人所經驗之事實之完全意義耳。前數世紀人頗有謂人心但藉自己之力。得發明外物之所當然。卽謂吾人苟發展心中所固有之觀念。則能先知自然。如大哲學家特嘉爾、謂吾心所能明視者。皆確實也。然吾心能明視一黃金之山。或一淡水之海。而於實際上則絕無此事。要之但自吾人之知力觀之。則吾人所能明視者、必合於思想之法則、故其存在非不可能。然至其形式大小等。則人類有限之知識決不能先知之。而除實際攷察事物外。別無知之之道也。

十三世紀之後半。英人有祿額爾倍根者。始以經驗爲一切知識之基礎。至十七世紀。而法蘭西斯倍根亦唱此說。今所稱倍根哲學是也。余以爲祿額爾之爲人更大於法蘭西斯。然法蘭西斯之唱導經驗之說。則尤有力也。彼於大作「新機關」之始。卽論人對自然之位置曰、

人者。自然之奴隸、及其解釋者也。人之所能爲所能知者。不出於其就內外二界所

觀察者之外。過此以往。則一無所知。一無所能也。

此乃新機關之第一節。其第二節則謂人心苟無所以補助之者。其力甚微。而又易入於謬誤。故一定之辨學方法。在所必要。而其新機關。實爲供給此方法而作者也。至其第三節及第四節之全文如左。

人類之科學、知識之意與人類之勢力相平行。何則、吾人苟不知原因。卽不能得其結果。蓋人類之對自然。除順從之之外。別無征服之之道。而知識上所發見之原因。卽實行上所用爲規則者也。

人之對自然物、除分之合之之外。不能爲一事。一切他事。皆自然之所自爲也。

此謂吾人之發明一科學。唯在知自然中之變化。然後應用此知識、以爲有用之事業。古今之說此思想者。未有明晰完全如此者也。蓋吾人固不能創造物質之一質點。或破滅之。豈徒物質而已。勢力亦然。物質之本性。吾人無變之之術。吾人所能爲者。唯在觀察一質如何以自然之勢力影響他質。而分之、或合之、以觀其影響耳。倍根所謂一切他事皆自然之所自爲者。蓋謂此也。夫以熱加諸水。則水化而爲有凹凸力之蒸氣。此非熱之本性乎。故吾人之不能創造蒸氣機械。而唯觀察蒸氣之勢力而利用之。此不待言。此徵爾幾爾所以讚頌人之知事物之原因者。而倍根所以謂知識卽勢力也。吾人唯觀察事物如何而起於自然中、又如何而能生特別之結果。然後能對此種結果而趨避之。卽決非變事物之性質。而但使此等事物、於適當之時地發表其固有之勢力。丁尼孫之詩曰。順自然之力。乃能管轄之。此之謂也。

歸納辨學。乃研究一種推理之方法、吾人所以解釋自然、且由以知許多物質於許多境遇中所從之自然律者也。此章之旨。在論歸納法之第一要件。卽經驗之供給吾人以事實者。而此種經驗。必自觀察或實驗得之。所謂觀察者。謂但觀察自然中之變化。而不能以人力駕馭之者也。如古代之天文學家、觀察日月行星之運動。而漸發見其運動中許多之法則。又如氣象學家觀察氣候之變化、風雨表之高低、空氣之溫度及濕度、風之方向及勢力、雲之高低及性質等。然其對此等事實也。不能以人力駕馭。而唯能從其自然之次序、而觀察之。地質學家之研究巖石之性質及位置也。亦唯用觀察法。植物動物礦物學家之於攷察植物動物及礦物亦然。

至實驗法則不然。謂以人力變固有之事物及境遇、而觀察其結果者也。如化學家以電流分析水之成分、而知其搆造。礦學家鎔合數原質而覘其生成何礦物是也。雖植物學家及動物學家。亦不僅以觀察爲能事。而時移動植物於相異之氣候、相異之土壤。又用種種豢養之方法、以試驗自然之種類、由是生何種之變化焉。

由此觀之。則實驗之法、乃所以得事實之最有效最直接之方法。苟吾人但能觀察而不能實驗。則試驗室中所常見之事實。必待數年或數百年之後、始能見之。又化學中原質及化合物之大半。苟必待其自呈於吾人之觀察。恐終無能觀察之之日也。許多勢力及變化。雖常行於自然中。然因其程度甚弱。而易逸於吾人之耳目。故必須用實驗以發見之。電氣之爲物。固常存於物質之各點。而古人亦已於磁石雷電極光及摩擦之琥珀片中見之。然當其在雷雨中也。其性甚烈、而近之者甚險。其在他處則力甚弱而又無以知之。唯有電學及磁學後。始得由電池及電磁石而生適度之電流。若無此實驗。則電氣之結果雖常生於自然中。然欲觀察之。則頗不易易也。

實驗之不可缺。又得由他事實知之。卽凡地球表面之物質。皆在某境遇內。苟但用觀察法。則不能知其在他境遇中之性質何如也。如吾人尋常所遇之炭養氣。常爲氣質。然加以極大之壓力及寒冷。則得變爲流質。且更得變之爲如雪之定質。許多他氣質。亦得變之爲流質及定質。故吾人謂一切物質、苟能十分變其壓力及溫度。無不可經過氣流定之三態者。非無理也。若但用觀察、則吾人但知一切物質、唯有一狀態。而不能由定質而變爲流、由流質而變爲定也。

然吾人不能謂觀察與實驗間、有一定之界線。而前者於此終。後者自此始也。此二者之差別。乃程度上之差別。而非種類上之差別。吾人之立此差別者。但謂用人工愈多。則愈爲實驗法耳。吾人常謂氣象學爲純粹觀察之學。然當吾人登高山而觀察空氣之稀度及溫度、或乘氣球而觀察之。則此種觀察。亦可謂之實驗。天文學家之分往地球之南北、用器械以觀察金星過日時之位置。而以金星與太陽之距離。與地球之廣袤相比較。此亦一實驗法。非徒觀察而已。

侯失勒約翰、於其「自然科學之研究」一書中、詳論觀察與實驗之差別。曰觀察實驗二者、其差只在程度。而不在種類。故謂前者爲受動的觀察。而後者爲自動的觀察。較適當也。然由補助及成績之不同。不得不加以區別。要之前者如聽人暗昧零星之談論。而於傾聽之際。吾人之注意力。不免時有消長。又唯於聽畢後、攷察其談論之全體。始能了解其意義耳。唯了解其意義後。始知談話中之某部分爲最重要、某部分則否。而其中之最重要者。不必爲吾人所最注意者。今知其重要而欲注意之。已無及矣。此吾人觀察時所恒有也。實驗則不然。吾人於此。實無異集證人而研訊之。而以其供辭之一部分、與他部分相比較。以判斷一案。故其問題甚易決也。故於物理學上、凡現象之不爲人力所能馭、或由他故而不能施實驗者。此部分之知識。不甚確實。而其進步亦緩。唯得施實驗之部分。則其知識甚爲普徧。且其進步亦速且確也。然自然亦於數千萬年中行種種之實驗。故吾人不必試驗此地之土壤氣候、最宜於何植物。但觀其地最繁盛之草木可知。以此乃數千萬年中自然的實驗之結果故也。如地球不循直徑一八二〇〇〇〇〇英里之軌道。而行一種之實驗。以爲觀察之基礎。則恒星之距離。吾人終無自知之。以吾人之知恒星之距離也、唯以地球在軌道之某點時所見一星之位置、與其在他點時所見此星之位置、互相比較、而斷定之耳。各天體之蔽蝕經過聚會等。亦皆自然的實驗之一種。而自古代卽記述之。以供給最有價值之材料者也。

觀察之精密。不能得自辨學。而唯由實驗得之。故修養觀察之能力者。莫善於自然科學。然辨學上亦與吾人以一種之敎訓。穆勒約翰有言曰「凡吾人所觀察者。與自觀察之事實所推論者。不可不嚴密區別之。」蓋當吾人記述耳目上之所閱歷時。不能有誤。唯於預想及推論時。始易陷於誤耳。如吾人以望遠鏡攷察太陽之表面。則除數小黑子外。其光明實無比類也。吾人由此、恒推斷太陽之裏面、較其表面爲寒且黑。而視此等黑子、爲自光明之外部、露其暗黑之內部者也。然吾人若以此推論爲一事實。則易陷於謬誤。以吾人所見者、不過數黑子。而於觀察時所當記述者。唯此等黑子之形狀大小及變化耳。此等黑子之爲太陽表面上之暗雲、或爲內部之間罅、或爲與二者相異之某物。非比較許多實驗。不能證明之也。

然穆勒之教訓。卽謂吾人不可混視所觀察者、與自所觀察之事實所推論者。學者不能常遵之。夫吾人尋常所視爲視或聽者。其十分之九、常爲推論而非感覺也。吾人之各官中。皆有所謂「後起之知覺、」卽無意識的判斷在。而其所斷定之事物。實不能爲直接知覺之對象。如吾人時謂見某物在某距離。其實吾人之眼、不能見距離。而所謂距離者。不過無意識的判斷之結果。穆勒有言。吾人不能謂見我弟。何則、吾人所觀察者。不過某人之形狀甚似吾弟而其定爲吾弟否。則判斷之結果。而此判斷固不能無誤者也。

觀察及實驗中所最要者。莫大於不惑於成見。而如其所觀察所實驗之事實而記述之。不然、則其所得之事實。適足以支持謬見而已。今日無教育之人民中。猶信月輪對地球之氣候、有極大之影響。謂月之變化、即新月半月滿月。每月中必有四度。而於變化之前日或次日。氣候上必受其影響。故一月中之氣候。必有十二日受月之影響。而一年之中、氣候上之變化、足以支持此意見者。固不少也。無教育之觀察家。鑒於此例。遂以爲信然。殊不知月無變化而氣候大變化之例。更不少也。故欲決此問題。必由不偏不倚之觀察。而一切所觀察之事實。不問其足以支持此意見或反對此意見。必詳記之。此外別無他法也。

然謂最善之觀察家及實驗家。對其所研究之事物、並無一定之意見。此又誤也。凡大實驗家。其心中必有一種之理論、或許多之理論。但常以實驗試之。而唾棄其虛僞者耳。何則、吾人所能觀察實驗之事物。其數無限。苟無一定之計畫、而但以記述事實爲事。則其記述全無價值也。故吾人必須有一種之意見、一種之理論。以指導實驗、而選擇之。必如是而眞理始可得而發見也。但其所持之意見。苟與所觀察所實驗之事實相矛盾。不可不唾棄之。此最要之條件也。

塔哥德曰、「吾人第一事業。在發明一系統。而第二事業則在校讐之。」此謂吾人對所求之眞理。不可不先有一種之意見。但對此意見。當行嚴酷之試驗。即不固執之而轉若仇視之是也。人之多設謬誤之理論者。無若刻白爾及法拉台二氏。然發明及建設最大之眞理者。亦未有如二氏者也。法氏之言曰。

科學家之精神中。其曾經過之思想與理論、不爲世界所知者何限。此等思想理論。由其自己之嚴酷之批評精密之攷察。遂默而不發。而一切暗示希望之得實現者。殆不及十分之一也。

第二十七章　歸納之方法

吾人於此章、當進而論歸納之方法。即所以使吾人自觀察實驗所得之事實中、求普偏之眞理、或自然律者也。夫所謂歸納者。實不外由特別而推普偏。即於特別之事變中。發見普偏之眞理是也。而物質的科學中所發見之眞理。皆與因果之觀念相關係。故吾人恒謂此等眞理爲因果律。或曰自然律。夫所謂一事變之原因者。謂某狀態之先乎此事變、而此事變所由以起者也。且一事變之所以起。不必限於一原因。物質世界中、往往有種種相異之事物、相異之境遇。合而生一結果。苟闕其一。則其果不生。而此等事物境遇必名之曰原因、或曰原因之必要之部分也。如火鎗爆發之原因。決非徒在機括之一振。以此不過最後之外因、或爆發之機會耳。此際火藥之性質、鎗筒之形狀、銅帽及火藥之裝法、與周圍空氣之存在等。皆爲火鎗爆發時必要之條件。苟缺其一。則此事變不得而起也。

水沸之原因。亦非徒在加以某度之熱。故有某度之壓力、以使蒸氣得以逸去。亦所必要也。其凍沍之原因。亦不僅在除熱至白度表之零度以下。而此際發見某某境遇中、必生某某所與之結果者。乃歸納法之事。苟既知此等境遇。則得知自然中之法律矣。

吾人於此章及次章。除用原因及結果二語外。又多用先行者及後起者二語。學者不可不知其意義也。所謂先行者。謂一事物一條件或一境遇之先於一事變或與之同時者。而後起者、謂事物條件境遇事變或現象、與先行者相異、而隨之而起者也。然先行者不必卽爲後起者之原因。以有時無此先行者、亦得生結果。如日光得爲火災之先行者。然非火災之原因。以火災亦得起於昏夜故也。唯必要之先行者、其意義始與原因同。以苟無此、則結果不得而有故也。

現象一語。下文亦屢用之。此謂事物之發現者、卽感官所能觀察者也。此語之源。爲希臘語之 Phinomenon。（出現之義）與其辨學上之意義精密相合也。

歸納之第一方法。穆勒所謂符合方法是也。其規則如左。曰「如所硏究之現象之二例或數例中、有一公共之境遇。而唯有此境遇時。各例無乎不合。則此境遇乃所與之現象之原因（或結果）也。」此第一律令之意義。更得簡略述之曰「一現象之唯一不變之先行者。乃此現象之原因也。」

欲應用此方法。吾人不可不蒐集此現象之多例。而比較其先行者。而許多先行者之中。必有原因在。苟某先行者之存在或不存在、不能影響其結果。則其非必要的先行者明矣。故唯一先行者或一羣之先行者時時存在、而結果從之者。始得謂之原因。舉例以明之。如水泡、浮於水面之松脂、薄膜、雲母石之薄片、玻璃之罅隙、及二玻璃片之相合者。皆有虹霓之色。苟細攷察此等事例。則此等物之爲薄片者同。不問作此薄片者之爲定質流質氣質也。故吾人斷此種色彩。其原因存於片之厚薄。而此論斷、得由光之屈折論證之。白留斯他氏、亦由此道以證明蠣殼之色彩。不由於物體之性質、而由於表面之形式。彼以蠣殼印於蠟上。則發見其物體雖異、而其色彩則同。又於金類片作許多之凹線。則其色彩亦遂與蠣殼相似。故表面之形式。明明爲此等色彩之必要的先行者。卽其原因也。

然用符合之方法時。亦有甚艱困之處。穆勒所謂原因之多數是也。卽相同之結果。於相異之事例中、得由相異之原因出。如吾人精求熱之原因。則知其原或生於摩擦、或生於燃燒、或生於電氣、或生於壓迫等。故上文之方法。有時不能應用也。至第二方法。則無此種之艱困處、此方法謂之差別之方法。今述穆勒氏之第二律令如左。

如吾人所研究之一現象見於一例中、而不見於他例中。此二例中之各狀態、除一狀態外、無不相同。而此一狀態、唯於前例中有之。則此一狀態。卽現象之結果、或原因、或原因之一必要的部分也。

易言以明之。則一先行者存在時、則一現象起。而此先行者不存在時、則此現象不起。而此外各狀態毫無所變更。則此先行者、乃此現象之原因也。

如摩擦之爲熱之原因。吾人得明證之。以二片之木摩之、則生熱。不摩則否。故也。達維謂雖二冰塊、苟於眞空中摩擦之。亦能生熱。卽可自其鎔化徵之。故摩擦之爲生熱之源。無可疑也。又吾人之證明空氣之爲發聲之原因也。恒用霍克斯昆之法。卽擊鐘於空氣喞筒之受器中、而觀察之。此際若受器中有空氣、則聞鐘聲。無空氣則否。吾人所以知鈉及其化合物有二重之黃色光者。由吾人見鈉質不存在時。絕無此光。又苟以少許之銅投諸火焰或他光中、則常見此光故也。又欲知養氣之爲呼吸及生活之原因。可置動物於一器中。茍抽去器中之空氣。則此動物卽窒息而死也。

此方法、乃實驗之大方法。而其利用存於仍其一切他狀態、而但變其一狀態。託姆孫及台德之「自然哲學之研究」一書。曾以一法則表此方法、以指導實驗。其言曰。

當研究一特別之原因時。一切實驗之排列。當如此如此。卽視一切結果若唯由此原因出者。若見爲不然。則又當變其排列、而務增所研究之原因之結果使遠過於同時並起之狀態。以此等狀態。不徒能變化此原因之結果、且妨礙之故也。

今若燃炭於室、而變空氣中之養氣爲炭養。又因動物之死於其中、而遂斷定養氣爲呼吸之原因。此種實驗實不得謂之完全確實也。因此種實驗。不徒抽去養氣、而又加入新物質（卽炭養）於其中。此種物質。由其自己之毒性。固足以殺動物而有餘矣。且炭養茍多。則雖有許多之養氣在。動物亦必爲之窒息。故此際炭養之存在。實足以淆亂實驗也。

今置一小球於此。而猝以一噸重之鉛彈近其側。則小球被吸引而爲之運動。此足以證引力之存在、幷足以測其分量者也。然稍有不愼。則其實驗全無價値。蓋大鉛彈之猝動也。亦能抵抗空氣、動搖窗戶。又可由鉛彈溫涼之度、而生空氣之流。且有時能生電氣上之吸引或拒斥。而此等同時並起之狀態。其能動小球之力實遠過於吸力也。由侯失勒約翰之說。則實驗之從此方法者。莫善於威爾斯博士發明露之原因之實驗。彼於清朗之夕。以紙或他物敷於地上、使離地約一二尺。以使紙下之地、不呈露於外。則露雖滿於周圍之草上。而紙下之草則無之。此際空氣之溫度濕度。無處不同。其所以異者。只在一呈露於外界。一不呈露耳。故呈露於外界之條件。實露之必要之先行者也。此種實驗。自然亦自行之。今吾人觀察二夜之景象。如此二夜之景象無不相同。唯一有雲一無雲則異。亦可知清朗之天之爲露之原因也。

然但變化一狀態時。往往不能完全應用差別之方法。如欲試驗一物質之爲定質及其爲流質時之性質。不能不變化此物質之他狀態、何則。吾人欲使此物質變爲定質或流質。不得不先變其溫度故也。吾人由是、得知溫度爲凝結及流動之原因。而此際實用穆勒所謂符合及差別之聯合法。此存於首用符合法於生一結果之諸例、次用之於不生此結果之他諸例者也。然此際積極諸例之異於消極諸例也。必不限於一狀態。以所異者苟限於一狀態。則吾人但用差別之方法足矣。以例明之。如冰島之方解石、能使物像之通過此石者成爲二重而此二重屈折之現象。亦見於他結晶體中。苟吾人於此、有透明體之結晶者及不結晶者、而此二體除其一結晶一不結晶外。絕無所異。則知此現象之由於結晶構造明矣。然苟二者於此外尚有相異之點。則吾人之證明之也。惟觀察不結晶之透明體、於無此二重屈折之點、皆相符合。又結晶之透明體除少數外、皆於二重屈折之點相符合。則其證明始爲滿足。此聯合法之原理。得述之如左。此卽穆勒之第三律令也。

如有呈一現象之二例或數例。其中唯有一公共之狀態。而不呈此現象之數例。除無此狀態外。並無公共之點。卽因此狀態之存在與否。而前後二者因之而異。此狀態卽現象之結果或原因也。

欲精密知此種歸納方法。則當用穆勒所用之符號以表之。今以甲乙丙丁戊等表先行者。而其結合之法不一。又以呷吃呐叮哦等表自此等先行者所生之結果。如吾人得觀察其先行者及繼起者之次序如左。

先行者　甲乙丙　甲丁戊　甲己庚　甲辛壬　……

繼起者　呷吃呐　呷叮哦　呷呞咦　呷啐旺　……

則吾人於此得應用符合之方法。而知甲卽其中不變之先行者、而爲呷之原因也。

差別之方法。得表之如左。

先行者	甲乙丙	乙丙
繼起者	呷吃哂	吃哂

此際以乙與丙不變。吾人得知甲之存在與否、實決定呷之存在與否。卽甲爲呷之原因。然甲非不論何時何地皆爲呷之原因。讀者又不可不知也。

符合及差別之聯合法。得表之如下。

甲	先行者	甲乙丙	甲丁戊	甲己庚	甲辛壬	……
	繼行者	呷吃哂	呷叮𠯢	呷𠯆嗹	呷呼旺	……
乙	先行者	子丑	寅卯	辰巳	午未	……
	後繼者	吇吜	嗼㖕	唇㠯	吘味	……

此際由符合之方法、而知甲之存在、呷卽繼之。又他例中甲不存在。則呷亦不存在。故

甲之爲吅之原因。實大有可能性在也。然此際當知甲乙二者之所以異。不僅在甲之存在與否。如所異者僅在此點。則吾人但用差別之方法可矣。然甲例與乙例之所以異。實常由甲之存在。故遇不能用差別之方法時、可用此方法也。

第二十八章　分量的歸納方法

上章所述歸納之方法。但對一事變之發現與否、而求其原因者。如吾人觀二物之相摩而生熱、不相摩而不生熱、而知摩擦爲熱之原因是也。然此不過實驗之初步。而當其進步也吾人必精求結果之分量與其對原因之分量之關係。此際吾人所提出之問題如左。

(一)先行者果常生一結果否乎

(二)此結果在何方向乎

(三)此結果之對原因之比例如何

(四)所與之比例果永遠不變否乎

(五)若不然則其變化從何法則乎

試舉其例。如熱之變化物體之廣袤是也。此際吾人所當首問者。物體之熱、果變化其廣袤否乎。此問題但用差別之方法。已足以答之。熱學上之研究。示吾人以一切物質、皆因熱而變其廣袤。唯印度樹膠及水之廣袤、於百度表之四・〇八度以下、乃因熱而減小耳。溫度升一度時物體之變化。謂之膨脹之律。如鐵於百度表之零度及百度間。溫度每昇一度。則增其固有之廣袤之〇一〇〇〇〇一二二是也。更精密之實驗。示物體之膨脹、非全與溫度爲比例。許多金類、愈熱則其漲愈速、但其條目、不必於此說之。

恒星之語屢見於此數章中。然讀者當知此等恒星。決非居其所而不動者也。天文學家之研究一星也。必答次述之五問題。

(一)此星果動否乎

(二)此星動於何方向乎

(三)於一年或一世紀中其運動之度量果如何

(四)其運動果永無變化否乎

(五)苟有變化則其方向及速度之變化從何法則乎

各科學及科學中之各問題。其初但爲事實。其後及於分量。而漸成一精密的分量之科學三十年以前、電學及電磁學上之許多現象。吾人但知爲事實。今則大抵能量度之、計算之矣。

吾人既能計算一現象。則能應用更重要之歸納方法。此卽差別方法之應用於更佳之境遇者。此際一現象之程度及分量。與吾人以一種之新實驗、及因果之新證明。謂之相伴變化之方法。穆勒之第五律令卽是也。其言曰、

當他現象之以某特別形式變化也。此現象亦以某形式變化。此際他現象卽此現象之原因或結果。或與此有因果之關係者也。

侯失勒約翰亦述此方法如下曰。「原因之可得而增減者。苟增減其原因。則其結果亦隨之而增減。苟原因不變。則結果亦不變也。」

此方法之例、不勝枚舉。如濯爾之以一定量之力、用諸二物之摩擦。而示所生之熱之大小、與所用之力之大小爲比例。以證摩擦爲熱之原因是也。凡前此但用差別法之處。大抵可用此方法。如吾人不擊鐘於眞空中、而但以少許之空氣入於一器。以試驗其中擊鐘之聲。可知空氣有增減則鐘聲之大小隨之。此種實驗、實能使人人知空氣之爲傳聲之原因者也。

此種方法、又能使吾人知二物間之物質上之聯絡、如日食既時之赤焰。其屬日屬月、吾人久不能定之。然由近時之日食。吾人得窺此種赤焰與日俱運動。而於月之漸進、也漸爲所蔽。又其退也以漸而顯。故由此觀察、知赤焰之屬日、殆無可疑者也。當現象之經過循環的變化、而旋增旋減也。吾人當求他現象之於相當之時期內、爲相當之變化者。而想像此二者間、有因果之關係。如吾人之視潮汐之生於日月之引力也。以潮汐之高低大小之循環的變化。全與此等天體對地球之位置之變化相當故也。又月之繞軸自轉之時期。全與其繞地一轉之時期精密相當。故其對地球之半、面終古不變。此乃相伴變化之好例。而斷定地球之引力之及於月之繞軸自轉之運動者也。

最奇之相伴變化。發見於北極光、磁氣暴風雨、及太陽之黑子間。三四十年來。吾人始知磁石之針。有時爲微渺奇異之運動。當是時、自然之電流。亦起於電線中、而妨礙其傳信之作用。此種現象。卽所謂磁氣之暴風雨。而同時北極光及南極光。亦常起於地球之某部分。由數年間之觀察。知此等暴風雨、每十一年而一大作。前此之最大暴風雨。在千八百七十年。由是漸小。至後十一年之末。而復達最大之限。又此三四十年中、由觀察太陽。而知日中黑子之大小及多少同時與地球上磁氣暴風雨之大小及多少為一比例。而太陽中之黑子。亦不外太陽表面之暴風雨也。此等奇異現象之如何聯絡。吾人雖不能知。然其必相聯絡。則無可疑也。又在今日吾人又信土木金火四行星實為此種現象之原因。以斯梯瓦德諸氏、曾示此等行星之運動、與太陽黑子之隱見間。有精密相當之處。此實最顯著最廣博之相伴變化之一例也。

吾人今當進而攷一種歸納方法。卽當許多原因一時並作而其結果混合時、所應用之方法是也。如於一實驗中、吾人同時應用摩擦燃燒壓抑電氣諸原因。則生一定量之熱。此定量卽各原因所生一定量之熱之和。而吾人於此際、欲知各原因分別所生之熱量如何。頗不易易也。此乃穆勒所謂結果之相同混合之一例。卽謂混合之結果。其種類無以異於分別之結果者也。若結果之相異混合。則謂混合之結果、與分別之結果之種類不同。如吾人彎弓之力太過。則其結果不為屈而為折。又加熱於冰。則其溫度昇至一定之度後。變而溶解此冰。又加熱於水時。則其溫度於所與之時期內、以相同之比例上昇。未幾而止。而其結果變為相異之種類。卽蒸氣之生成是也。

今若混合之結果為相異之種類。則用差別之方法。已足以發見其原因。弓與粒之遇所與之重力而斷也。水之於所與之境遇內、遇所與之溫度而沸也。吾人容易斷之。惟欲知相同之結果之混合。則其事業甚爲複雜。以此際許多之原因各生其結果之一部。而吾人當求結果之生於各原因者如何大小故也。吾人於此。必用一種之歸納法。此卽穆勒所謂餘剩之方法。其第四律令所述者是也。

吾人於一現象中、減去其一部分之前此由歸納法而知爲某先行者之結果者。其所餘之部分。卽所餘之先行者之結果也。

如吾人能知混合之結果呷吃呐、生於原因甲乙丙。又知呷生於甲。吃生於乙。則呐之生於丙、自可得而斷定也。如欲知貨車中之貨物之重量。可併貨車與貨而稱之。除去吾人所已知之貨車之重量。則得貨物之重量。又吾人苟知大潮之高低、所負於月之引力者如何。則亦得知其負於日之引力者如何。卽於潮之分量中、除去其月所吸引之分量。卽得日所吸引之分量也。

奈端亦於一實驗中、用此方法、以定物質之跳返力。卽以所欲試驗之物質作數球。使旋轉而互相擊。以觀察其跳返之程度如何。更以之與墜落時跳返之程度相比較。但跳返之運動之所以消失者。半由於跳返力之薄弱、半由空氣之抵抗也。彼又使此等球旋轉而不相擊。以計算空氣之抵抗力。如是、則此等物質之跳返力。亦可得而計算也。

又此方法、吾人得用之以矯正觀察上之謬誤。夫寒暑表之正確者。實不多見。然吾人苟以寒暑表插於溶解之雪中。此時之眞正溫度、當爲百度表之零度、或法倫表之三十二度。而觀察此表之所示之溫度、與眞正之溫度之差。然後以差加或減之。卽可矯正此表之謬誤。又風雨表之高低。除空氣之變化及壓力外。尙有種種之原因。如因玻璃與水銀間之微管拒力而減。又溫度苟在百度表零度以上、則其高低復因水銀之得熱而增。且定其高低時所用之度。苟不精密。則其高低亦爲之增減。而於精密之觀察中。此等原因之結果、均不可不計算之、減去之也。

化學之分析中。亦常用此方法、以定相結合之物質之相對的重量。如欲知水之搆造。則吾人當取一定量之酸化銅、置之於熱管中、而加輕氣於其上。然後於含硫强水之管中、凝縮其所生之水。苟吾人自此管（卽含水及硫强水者）之全重量中、減去管及硫强水之重量。則得所生之水之重量。而水中所含之養氣。得由一定量之酸化銅中、減去所餘酸化銅之重量以得之。又若自水之重量中、減去養氣之重量。則得輕氣之重量。如此種實驗、依祿斯哥之化學書中所紀者而精密行之。則知水百分中養氣之重量爲八八・八九分。而輕氣之重量。爲一一・二分也。

一切科學、凡得計算其所研究之物之分量者。皆得用此方法。而就中尤以天文學爲最。天文學上之一切原因及結果。大抵不過餘剩之現象卽計算一切已知之引力之及於行星及衞星者所當生之結果。而觀察實際所生之結果、果與此相去幾何是也。如天文家之對天王星。既如此計算而此星之運動實不甚合於計算之結果。此餘剩之現象。示已知之引力外。尚有他引力爲之原因。未幾而於海王星之形狀中得之。許多彗星之運動。亦以此法計之。然至所預期之時。多不再見。此亦示彗星所經過之道路中。有某種阻礙力在。但此力之性質如何。則吾人不能知耳。

第二十九章　經驗方法及演繹方法

上文之述演繹法及歸納法也。若二者全爲互相獨立之方法。然就實際言之。吾人於追求眞理時、往往並用此二者。而二者之有造於科學、亦略相等也。穆勒於其辨學書中、謂但用倍根之方法。不足以發見至曖昧至艱困之自然律。何則、從倍根之方法。則吾人但當蒐集事實、從其同異而區分之。而漸由是以得普徧之法則。故從自己之假說以想像自然律之如何。彼之所不許也。故科學之所以進步者。決不如倍根之說。讀者所易知也。

當一自然律之但自觀察或實驗歸納而得之、而別無他物以證明之者。謂之曰經驗律。穆勒曰、「經驗律者、謂觀察及實驗所示之某法則。然遇事例之異於其所觀察及其所實驗者。吾人不能斷此法則之存在。以吾人不能發見其所以存在之理由故也。此種法則之例、不勝枚舉。如吾人由經驗上知日入時之深黃色、常爲雨兆。脉之速行、乃示熱病。有角之獸、常缺上齒。金幾那常有益於神經系統及身體。而斯德利區甯則常反之。此等事實、吾人由種種觀察、而知其爲眞實。然此外不能言其所以眞實之理由。即不能持此以與科學上之他事實相調和。又不能由既有之知識、而演繹之、預期之也。上章所述日中黑子、磁氣暴風雨、兩極光、及行星之運動間之關係。乃最顯著之經驗的歸納法之一例。以吾人無自觀行星之大系統中磁氣感應之道故也。合金之性質、亦經驗的知識之一例。吾人以某比例混合二三金類以前。斷不能預言其合金之性質。如黃銅之性質之較其成分銅與鋅爲堅韌。銅與柔錫相合、則爲更堅且鏗鏘之合金。又鉛鉍錫等相合。則至百度表之六十五度而鎔化。此皆不能於未試驗之前預知之者也。

由是觀之。則經驗的知識、雖如何有用。然比之演繹科學中聯絡之知識。必有所不如。故一科學之知識、愈近於演繹、則愈能使相異之事實、立於相同之法則之下。易言以明之。卽其科學愈爲完全也。人之精知一事物之所以發見者。亦能知其必發見於某某境遇中與某某境遇足以妨礙其發見。如熱水之裂玻璃瓶。其一例也。普通人民、往往疑熱水有裂玻璃之本性。而玻璃之薄者、尤爲易裂。然物理學則示此事之原因。由於熱之能使物體膨脹。而玻璃之所以破裂者。由其一部分得熱而膨脹。而他部分則未及膨脹故也。故若急注熱水於瓶內、而使瓶之全體、同時得熱。則雖至薄之玻璃、亦不至破裂。故化學家常用薄玻璃瓶以盛熱水、或煑沸之。並不虞其破裂也。

科學之歷史示吾人以演繹法、實爲大發明之導線。如奈端氏實格里遼之後、最有非常之演繹力者也。苟吾人比較其光學上研究之成績、與其鍊金學上之成績。則更有可異者。奈端之爲鍊金學家。人不盡知。彼嘗日夜行種種之實驗、以求化他金類爲黃金之法。然此種研究、以全屬經驗的研究故。故卒無成功。至其光學上之研究、則大不然。彼於此學中實探得普徧之法則。而其一切實驗。皆使彼得預期他實驗之結果。而後此之實驗、往往較前此之實驗、更爲壯麗也。即彼已立分光學之基礎。此學之焜燿於今日。人人之所知也。或疑奈端之生年、較後於倍根。故用倍根之方法。然奈端書中無一語及於倍根者。又未嘗用倍根之方法。彼之大著雖時時利用觀察及實驗。然概而言之。可謂之演繹的及數學的推理之結果也。

穆勒所謂演繹之方法者。自吾人觀之。争謂之結合法或完全法。此存於歸納及演繹之交用者也。其中有三級如左。

(一)直接的歸納法

(二)演繹法

(三)證明法

第一作用。在以簡略之經驗、示一種之法則、而尙不能定其確實也。今假定此等法則爲確實。而謂其結果亦當見於他境遇中。於是更訴諸經驗。以試此法則之確實與否。此際於兩經驗之間。實用一度之推理。試舉例以明之。如奈端使日光通過三稜玻璃。而發見其色彩之次序、與虹霓之色彩無異。遂假定一切白光、皆種種色彩所合成。而得以三稜玻璃分解之。彼又思此假說若確實、則此等色彩中之一色、(例如黃色、)

苟再使通過於第二三稜玻璃。必不再分解爲數色、而仍爲黃色。及試驗之果、與其假說合。由是復由種種之實驗、以證明此說。於是彼之色彩論。遂不可疑矣。巴斯喀爾之持風雨表而上剖段曇山也。亦屬此例。格里遼偶見普通喞筒之水、常升至三十三英尺。而斷定空氣之重量使水上昇。託利珊利氏由此理論。而謂水銀之重量十四倍於水。故其上昇也。當抵水之上昇之十四分之一、卽二十九或三十英寸也。及以實驗證之。果屬不爽。巴斯喀爾出。更思以他法實驗此理論。遂持水銀風雨表而上山巓、以觀察其變化。蓋空氣之重量。果眞爲水銀上昇之原因。則風雨表之在山巓、其水銀上昇之度。應較其在山麓爲低、何則。當其在山巓時。惟山巓以上之空氣。能施其壓力故也。此實驗之成功。遂完全證明格里遼之假說。故實驗科學之進步。存於由一實驗而導於他實驗、以發明新事實。苟吾人專用倍根之方法。决不能有此成績也。

結合法之最大之結果。無過於引力說之發明者。此乃其完全之例也。其最初之歸納法。卽蘋果墜地之故事。此奈端避倫敦之大疫而退居田舍時所目擊者也。由此事實。遂使彼假定此間必有一力焉、以使物體墜地。而月之何故不由此力而墜地。又其所驚異也。同時天文學家霍祿克又示彼以他事實。卽當以弦繫石而使之迴轉也。石常以力加於弦上、謂之離心力。霍氏謂行星之繞地球。亦常有離中心之勢、與石之迴轉同。奈端既聞其說。遂假定地球之引力。必密與月球之離心力相等。故能使月球之繞地、常在此距離也。

然就行星之運動。苟無經驗的法則。則奈端亦不能由此而進一步也。刻白爾氏曾以一生之歲月、觀察行星之運動。而作假說以說明之。彼之假說雖頗有荒誕者。然其一生之勤勞。以所發明之三法則償之。此卽所謂刻白爾之法則。而述行星所經過之軌道之性質、與軌道之大小、及行星經過時所需之時間之關係者也。奈端於是以幾何學上之推理、示一物體苟繞他物體而運動。而其牽引之力、由距離之自乘之漸增而漸減也。則其所循之道。必與刻白爾之法則所示者相合。卽與行星之軌道相似。而彼之理論之一方面。由經驗之結果證明之。他哲學家之研究此事者。亦復不少。然由一方面之演繹及證明、而入於完全之證明者。則奈端之功績也。欲完全證明此事。必示月與石苟在同一之境遇時。其墜地之速率。必當與石相等。然奈端復用種種之方法計算、而知月苟墜地。其速率僅一分時間十三英尺。而一石苟在月之位置。則其墜地之速率、當爲一分時間十五英尺。奈端因有此不合。故遂唾棄此論云。

逮十餘年之後。奈端又得他材料。而由此等材料、以計算月之距離、而說明其不合之處。故但就月球論。彼之引力說。已完全證明矣。然此種證明。不過其演繹的計算之基礎。夫地與月茍互相吸引、而日與地亦然。則吾人無自謂日與月之間、不互相吸引也。奈端由此推論。而示月之運動、不但爲地球所吸引。法蘭姆斯梯特之觀察。實證明之。奈端又謂大海之水。不粘着於地。故常吸引月、而亦爲月所吸引。與地球之他部分異。如潮汐之事實。其證明也。如此、彼以非常之力、從幾何學上演繹其引力說之結果。而復以經驗證之。其所以優於一切科學家者。實以此也。奈端以後後人復繼續其事業。月與行星每日之位置、吾人往往由奈端之引力說而預計之。而固林威志及他處之天文臺、亦每夜觀察其位置。然所觀察者與其所預計者。往往不甚相合。故奈端之說、不能完全證明其確實。然其計算愈精密、及觀察之器械愈完全。則計算與觀察二者亦愈相合。故刻白爾之粗淺之觀察、與奈端所舉少許之事實。乃引力說之基礎。而暗示種種之新事實。此等事實愈證明。則引力之說、愈不可動也。

他種之大發明大理論。亦經過同一之徑路。聲音之浪動說。已爲奈端所證明。惟其從此說而計算聲音之速率也。頗與實際不合。惟由後人之研究、始得說明之耳。聲之浪動說。實已暗示光之波動說。而由揚領、弗萊斯奈爾等之研究。其計算之結果。遂全與觀察相合。達爾敦化學上之定量說。基於極簡易之實驗。然其說之結果。由近世化學上精密之分晰。而日以證明。又勢力不滅說。倍根、蒙德哥爾斐亞、美耶爾等早假定之。由濯爾之實驗而始得完全之證明。雖此原理之一切結果。尙有待於科學家之研究。然其與事實相符合。今日已無可疑也。

由是觀之。則觀察與歸納。雖爲一切眞知識之基礎。然苟無以助之。亦決不能得近世科學之結果。人之但以蒐集事實爲事者。罕能全知事實間之法律。又但持一理論、而自此演繹、如特嘉爾之所爲者。吾人但驚其天才之誤用耳。故最善之科學家。在以最大之理論及想像、預期種種之結果。而復以最大之黽勉力、比較之於事實。而其經過許多之歧路、而達自然律之正道。不得不一一表白之也。

第三十章　說明、傾向、假說、理論及事實

吾人於前章所用之語。其意義頗有未定者。今當示此等語之用處及其意義也。說明一語。自文字上言之。謂使一事物明顯。而不稍留暗昧之處也。科學的說明。則在調和事實與事實、或事實與法則、或法則與法則。而使皆合於因果之大法則。如吾人聞地

球之某處有大地震。又聞此地近傍之火山噴裂。則地震之事實。已說明其一部分。何則、火山之噴裂、示地殼下有極大之勢力在。而地面之震動。亦當爲同一原因之結果故也。威爾斯及堪白蘭之巖間。常有摩擦之跡。此得以此等山岳間故有氷田說明之。何則、此等痕跡。實與今日瑞士格林蘭等處氷田之結果相合故。此等事例、皆所謂以事實說明事實者也。

又某種事實、得以自然之大法則說明之。卽舉此事實之原因。而示此原因亦存於許多相異之事實中是也。如玻璃瓶之得熱而破裂也。得以「物體得熱而膨脹」之大法則說明之。貿易風之現象。苟視爲熱空氣上昇冷空氣下降之傾向之一例。則已說明之而無遺憾。卽熱學與力學上最簡易之法則、使熱氣上昇於烟筒中者。亦使空氣自南北二極而趨於赤道。同時貿易風之自東方來。亦得以運動之法則說明之。卽地球之自轉自西而東。又其赤道之運動、速於兩極。而地面空氣運動之速率。較地球爲緩。故於赤道近傍、風若自東方來焉。

至以法則說明法則者。穆勒以爲有三種。

第一種、謂有二種以上之原因、而其結果合而爲一時所用者是也。夫上文所謂相同之結果之混合者。謂混合之結果、不過分別之結果之和。而其種類常不相異者也。上所述貿易風之說明。亦屬此例。何則、此際唯有一法則或一傾向。使空氣自兩極而趨於赤道。又唯有一他傾向、使之自東而向西故也。此等傾向合而爲一。而使北半球之貿易風、自東北而向西南。南半球之貿易風。自東南而向西北。然空氣之溫度所從之法則。又爲甚複雜之法則。卽太陽之熱力、地球之放熱力、空氣及洋流之挾熱以來、或持熱以去。皆爲空氣溫度變化之條件。而此等條件。又皆有法則以管理之也。砲彈之徑路、亦許多法則相合之結果。卽(一)運動之法則、使運動之物體以相等之速率沿直線而前進。(二)引力之法則。常使物體着於地面。(三)空氣之抵抗、常使運動減其速率是也。

傾向之語。吾人於此際常用之。如原因之混合的作用、旣完全說明。則所謂傾向者。意不外謂一原因外、如更無反對之他原因、則此原因常生此結果。如吾人投一石於空氣中。則地球之引力、常有使之墜地之傾向。但其上昇之際。則因反對之原因故。而此傾向之結果、暫不可得而見耳。月之繞地、乃二傾向平均之結果。卽一使之向地、而一使之沿直線而運動。然此二者、必常保其平均之度。如月以某原因故而更近於地球。

則其離心之傾向、亦必與之俱增。而當未達其固有之距離前、其傾向必強於引力之傾向。故傾向者、可謂之原因之可抵制或否者也。

第二種之例。則一結果不直接生於所預想之原因、而生於此原因之中間之結果者是也。此際甲非丙之直接之原因、但甲爲乙之原因、而乙爲丙之原因。故乙爲二者中間之鎖鏈。此種說明、雖似複雜。然實簡易。何則、甲與乙之聯絡常爲一簡明之法則。乙與丙之聯絡亦然。至甲與丙聯絡之法則。如無他事物以介之。則但爲經驗的法則、而不調和故也。如雷電之際。似電氣自有爆發之力。然就實際言之。則雷氣但能生熱。而唯熱足以使空氣膨脹而發聲。由是雷震之事。得與砲聲相調和。此亦由火藥之力之膨脹空氣使然也。當綠氣發明之後。吾人卽知其有漂白力。故今日恒用綠氣漂白以代日光。然精密之研究。示吾人以綠氣非能消一切之色彩。而養氣實爲其中間之原因。卽綠氣常分解水。而使水中之輕氣、與養氣相離。然後養氣得以剿滅有機的色素。由是說明、而許多事實、得互相調和。卽乾燥之綠氣、所以不能漂白。又許多物質之似綠氣者。如阿巽等。亦有漂白之力。亦以此也。故吾人苟不知養氣之漂白之原因。則一切結果。殆無自解釋之也。

第三種之例。則一法則爲更普徧之法則之一例是也。吾人於二十四章、卽言吾人先發明狹隘之法則。而漸以窺更簡易更深邃之法則。科學家之有許多已知之法則。而不能知其間之聯絡者。吾人之所常見也。如奈端以前科學上早知一切天體、皆有向地球之勢。至呼克俟勒等、更疑有某勢力使地球與月相聯絡。然奈端出。始使此等事實立於一普徧法則之下。於是各事實或各狹隘之法則。亦得互相說明矣。電學至今日、亦能調和許多不相同之事實及法則。夫磁石之性質、已明於依里薩伯女王侍醫幾爾龍德之時。摩擦電氣、亦久爲輿圖等所研究。流動電氣、自額爾法尼、福爾塔、發明一物質加於他物質之化學作用能生電氣以來。吾人之研究之也、亦不遺餘力。而十九世紀之初葉、所分爲磁氣學電氣學及流動電氣三學者。至今日而併爲一學。依爾斯台德於千八百十九年、已以電流之運動磁鍼、證明此三者之關係。安攀爾及法拉第、更證此三學之複雜之關係、而併之爲一學。名之曰電磁學。但吾人若從便宜上擴電學之語之意義。以兼指此三者。亦無不可也。又在今日、許多狹隘之法則、散漫之事實、皆以一理論括之。卽謂熱電光聲及一切自然中之現象。皆一種勢力之變形。此勢力之分量之在宇宙中、永遠不變。與物質之分量無異。而有時爲質點之運動。有時爲機械之運動。如石之墜落、蒸氣之膨脹等是也。夫自希臘以降、吾人早知簡易之槓杆、雖由其動作之遲速、而變其形式。然其分量則毫無所變。何則、其勢力愈弱、則其動作愈緩、而其動作之範圍愈狹故也。至於近世、此眞理又自種種機械證明之。而知除摩擦力不計外。無一機械足以創造勢力或剿滅勢力者。電池所生之電氣量實與化學作用之分量相比例。又各種之勢力、皆得變之爲他種之勢力。此等事實、今日皆括之於一理論之下。而此理論之條目、日以精密。其普徧之原理、所謂某分量之機械力、等於某分量之熱、或電、或化學作用、或筋肉運動者。固足以包掃一切也。

假說之語。此際亦多用之。故不可不攷其意義也。此語之源、出於希臘語。殆與拉丁語之預想一語相當。謂科學上所想像之一種之事物或勢力、存於所攷察之現象之根柢、而不能直接觀察者也。吾人作一假說。乃斷定一原因存於所觀察之結果之根柢。而其存在之可能與否。視吾人能以此原因說明許多事實或法則與否。故欲使一假說有若干之價值。至少必使此假說能說明二種相異之事實。如吾人以雅片之有痲睡性、說明其結果。或以磁石之有磁石力、說明其吸鐵、夫人知其不可。何則、吾人之知痲睡性及磁石力。無以愈於其知雅片及磁石故也。但吾人苟謂磁石之吸物、乃由磁石爲電氣之流所占使然。此假說雖似不能。然甚確實。何則、吾人於磁石及搬運電氣之鐵線間、得一種之類推故也。此種鐵線之吸他鐵線之道、與磁石之吸引他磁石之道、精密相同。故此假說能調和許多相異之事實也。吾人謂地球之內部、有極大之熱力。自其不能直接觀察之點言之。亦一假說也。然以能調和許多之事實。故熱力之存在。殆無可疑也。溫泉及火山。皆事實之足以證明此假說者。又入礦愈深。熱度愈高。亦其證也。日與他星之强熱。示他天體亦有此狀態。至地球表面之寒冷。則又與其大小、及傳熱放熱之事實及法則相調和。吾人愈知太陽之熱、由流星之墜落供給之。則愈知地球前此之熱度、當與太陽等。不過經無限之時間而漸漸消失耳。此種假說、與許多之事實、許多之法律、及他種之假說相調和者。已進於假說。吾人卽視爲已知之事實。亦無不可也。

且無論何說、雖至難解。得視爲可能之假說。此從思想之法則言。固如是矣。引力說之爲假說。僅在其影響於物體之運動之點。至距離漸增而其力漸減也。實與聲光磁電上之現象相調和。而自事實上言之。則凡勢力之自一點放射而擴於空間者。無不漸減。故與距離之平方爲反比例之法則。殆無往而不確實也。但引力說之於他點、則與吾人一切觀念相反對。如聲之往太陽、其速率與其在大地之空氣中無異。則自地而至日也。殆須十四年之久。如地球與太陽間以一鐵棒連結之。則引其一端時、他端之感之也當在三年之後。日光之至地雖至爲神速、然亦需八分時餘。但引力之作用雖至遼遠。吾人不能計算其經過之時。此獨何故歟。自事實上觀之。則吾人謂引力瞬息而遍滿於無限之空間。似非無理由也。

光之浪動說。雖奇詭而不易解。然光之成於某物之至小至速之浪動、甚爲確實。何則、此假說使一切光之現象、得以說明。而又立光與聲之類似故也。夫從此假說、則紫色之光。須於一秒間擊綱膜八三一・四七九・〇〇〇・〇〇〇・〇〇〇次。此誠不可思議之事。然謂空間中有一種之以脫、有至大之定力及彈力、而對通常之物質之經過、毫無抵抗、其自己亦無重力。此亦非不可想像之說也。且彗星回歸之遲緩。固由於對以脫之摩擦。而據斯梯滑德所言。則流星羣之生熱、亦由在眞空中與以脫摩擦所致也。如此等說明而果有確證。則吾人更得新事實、以與光之浪動說相調和。而此說之爲假說之性質、亦減於昔也。

假說之用於科學研究中之演繹的方法者。自不難見。至簡易之歸納法。今亦漸廢。而往往預想某物之存在、以生此所與之結果、如吾人欲說明增減泉之原因、則固不能探撿地球之內部。必先發見泉源、而觀察其現象。又必想像種種形式之洞穴、而從水學之法則、以定生此現象之洞穴當如何。如吾人能示特別之洞穴、能生此種種之結果。而此外更無他術以生此。則此假說殆成爲事實矣。

一切假說、皆與光之浪動說同。以脫之性質、吾人固不能直接觀察之、且稱量之。吾人今日所知之以脫。皆自光之現象中導出者也。故吾人必發明某物而與以某性質。又從重學上之某原理、以計算其所希望之結果。如所希望之結果、與實際上所觀察之結果合。則由此符合。可證明某物之存在。故假說之眞實。全存於其能徵、即其與所觀察之事實相符合。故發明一無徵之假說。或發明之而忽於徵實之。則此說無用或虛妄也。苟其徵實愼密完全。則吾人固無以難假說。以此亦研究之一法、而有時所不能廢故也。故奈端之戒用假說、尙非定論。就事實上言之、則彼之引力說。亦最偉大最成功之假說。唯其光之質點論。乃虛妄之假說、而今日所久唾棄者也。

理論一語。此書亦常用之。此亦不可不致察也。此語自希臘語出。本爲瞑想反省或思辨之意。然其於近世之用法、則無甚干涉也。此語之意義、至爲混淆。有時用爲假說、有時用爲法則或眞理。吾人之搆成彗星太陽及地震之理論也。實想像種種事物之存在或不存在。此種理論、乃複雜之假說。而得以假說之名名之。電學亦然。有二種之理論。一預想一種之流質、苟多積於一處、則有流於少此流質之他處之勢。如水之欲保其平面然。一預想二種之流質、常相結合、苟分離之、必有重合之勢。此種理論實卽假說。以此種流質、無由證其存在。且今日更信爲無此等物故也。至原質點論、亦達爾敦之假說。以冀說明化學原質結合之比例。就其能說明此比例言之。得視爲確實之假說。然其論原質點之形狀性質及大小也。則純屬想像。以吾人無事實以與此說相調和。亦無手段以得此種事實故也。

至理論一語之他義。則與實踐相反對。恰如普偏之與特別相反對也。所謂引力之理論引力說者。謂一切運動及吸引之普偏之法則。而奈端於此築其宇宙之系統者也。吾人雖能知此種法則。然不能由此而定行星之位置。或於實踐上應用之。其特別之結果、必須有天文學家精密計算。然後航海家及旅行家得用之、以定某地之經度及緯度。吾人之言音之數學上之理論、月之理論、或潮汐之理論也。此語之用法。與假說無涉。而但等於普偏之知識。故意義混亂如此種語。吾人實不能與以定義。以所與之定義。不過想像及人爲的故也。事實一語。殆見於一切書籍中。此亦不可不論也。此語本自拉丁語出。而有已然之意。然由類推而其義更廣焉。吾人以事實一語、與理論相反對。然此語之混淆、亦不下於理論一語。卽有時視爲確實或已知之事、而有感官上之證據者、以與自假說及推論所得者相別。有時視爲特別之例、以與普徧之法則相別。夫最普徧之法則。無不確實。而特別之事實。皆得置諸此法則之下。殊以數學上之法則爲尤著。故此區別、實不外普徧與特別之區別也。然吾人普通生活中之用此語。若與眞理之語無異。如謂「思想之法則、乃推理之根據、此事實也」云云。要之理論一語。吾人往往用以表假說、普徧、抽象、或不確實等種種之義。而事實一語則以表直覺、特別、具體、確實等種種之義者也。

第九篇　歸納法之附件

第三十一章　分類論及抽象論

上文之論賓性語也。已述數百年前辨學家之分類論。然二百年來科學之進步。逈非昔比。吾人對用以分類之原理。不可不大注意。而論何者果爲自然及完全之分類之特質也。

或謂此種研究、與辨學之範圍正同。何則、一切思想、一切推理。皆所以處理普通之名辭。或普通之概念。故皆謂之自分類成立。無不可也。凡普通名辭、乃一類之名。凡一類之名、皆普通名辭也。如金類乃一類之物質之名。此吾人於推理式之例中時時用之。原質乃他類之名。而前類則爲其中之一部分者也。推理之事、不外以此類歸於更廣之彼類中。或屏此類於彼類外。又一切自然律、吾人得由之以分類許多之事實。故雖謂辨學全體爲分類論。非過當也。

然此章所論者、乃謂更有意更明晰之分類、卽自然科學所用之分類。如植物學動物學礦物學及古生物學所用者是已。

種類Class之一語之所從出。甚爲奇異。在古代羅馬、常以定期召集國內之人民。其典禮謂之 Clasis。此語自希臘語出、乃召集之謂也。撒維塔柳斯嘗以入貢之額、分人民爲六部。而各部謂之人民之 Class。由是此名漸應用於人民之有機團體、若軍隊是已。嗣是更移用於艦隊。後乃擴之於一切集合之事物。然當吾人之言人民之貴種類及賤種類也。又使此語恢復古代固有之意義。此頗可異者也。

所謂分類者。謂事物或事物之觀念之排列法、從其相似或相同之度者也。一切種類、所含之事物。必於某性質上精密相似。此卽其類之定義所述者是也。故一類之事物之相似處、愈多愈廣。則其分類愈完全愈有用也。

約翰穆勒曰、分類者。乃一種方法、使事物之觀念、以最善之次序、排列於吾心中者也。蓋使觀念互相聯絡或互相繼續如此。則能使吾人對所有之知識、有無上之管轄權。而時時可得而利用之。故分類之命題、就此種計畫言之。得述之如左。曰吾人對一切事物、當於此羣或彼羣中思之。而對一切羣、當以此次序思之。而使最易於記憶也。

許多事物得以許多方法分之。某性質之爲一物所有而他物所無者。得取之以爲第一差別。而如此分類之各羣。得更取其他性質而再分之。如圖書之排列得如左法。(一)從書籍之大小(二)從書之之文字、(三)從著者之姓名字母之次序、(四)從書籍之內容。此外尚有種種之法。大圖書館及其書目中。往往專用或兼用此等分類法。而各分類法、各有便利之處。又必選適於圖書館或書目特別之宗旨者而用之。一國之人民。其分類也、亦視其宗旨而有種種之法。大白里登之人民。得從其生長之處、而分爲英吉利人、威爾斯人、蘇格蘭人、阿爾蘭人、殖民地人。而人種學家則分之爲英格羅薩孫人、沁姆利人、高盧人、彼克德人、斯堪地那維亞人等。統計學家則從其年齡境遇（如未婚已婚等）身體等而分之。經濟學家則從其職業律師則又從其未成年及已成年等而分之。

至自然界中、亦有種種之分類法。如植物得從其所產之地、或從其所居之位置、所有之習慣而分之。或從其所生之時分之、如一年植物二年植物多年植物等。或從其大小分之、如草本灌木喬木等。或從其性質如食用植物藥用植物有毒植物等。此等分類、皆與植物學之自然分類法異。由此觀之、則吾人於分類時固無一定之方法。而種種之法常列於吾前。辨學於此、不能多所論列。以研究分類時所要之條件。乃一種特別之科學。而一切辨學上所能言者。不過大概之條件、及其原理而已。

分類之第一條件。則適於現在之目的是也。凡相似之點、吾人所擇以爲分類之標準者。必適於實際之用。即事物之須同一處置者。必歸之於一類。而其須分別處置者。必分別之。如律師之分英吉利人民也。不必區別其所出之鄉里、以法律通用於英國人民。不問其鄉里故也。然若蘇格蘭人若曼克斯人若流寓之外國人其所當服從之法律。皆與英國人民異。故當分別之。園丁之分別植物爲一年二年多年等、或草本灌木喬木等、或常綠落葉等、或從其受土地溫度之影響而分之。皆爲當然之事。以此等諸點、皆其所當處置者。則其分類之異於他人。固不足怪也。

其他條件、即科學之分類上最要之條件。卽當使吾人之論斷。得施之於最多數之事物是也。博士徽威爾言此乃自然分類之標準。所以異於人爲分類。而吾人所當詳論者也。蓋善良之分類。不但排列有序。又必含一種之歸納法。以明所分類之事物間之關係。書籍之排列。大抵不外人爲八折之書。除其爲八折外、並無他公共之性質。姓名之依字母之次序而排列者。亦有許多便利之處。然以其不能下普偏的論斷。故人爲的也。吾人對許多人物、不能以其姓名之第一字母相同。故而施公共之議論。即姓名之相同者亦然。雖名哀方斯及約翰斯者之祖先。大抵皆爲威爾斯人。而名鏗培爾者。大抵出於蘇格蘭。且有特別之名者。往往自一祖出。故依字母之排列。亦有自然之關係存乎其間。而得下普偏之論斷。然自然分類法、乃一完全之系統。而示一切重要之關係者。故不能以是爲滿足也。

吾人由是故。必選擇性質之附帶許多他性質者。以爲排列之根據。余於第十二章曾論附性、卽性質之屬於全類、而却不爲此類之定義之一部者。今當更進而攷察此點。

卽下一類之定義時。其定義中所含之性質、必求其少。但許多他性質或附性。當可畀之於此類所含之事物。如動物之爲物之一大部、而有許多公共之性質。又植物爲其他大部。人人所共見也。動物有感覺、有有意運動、消耗炭質食物、呼出炭養氣、而吸入養氣、有胃臟、且自生成脂肪質。植物則不然。無感覺、無有意運動、吸收炭養氣、而呼出養氣、無胃而生成炭質組織及小粉質。就一時觀之。凡物之有上所述之一性質者。卽足爲其屬於何部之根據。凡有胃者吾知其爲動。無者吾知其爲植。吸收養氣或生成脂肪者吾知其爲動。吸收炭養或生成小粉者。吾知其爲植。雖在今日、此種思想仍不失爲確實。故吾人得以命題U之形式論斷之。曰「一切動物、乃一切生物之呼出炭養者。一切植物、乃一切生物之吸收炭養者也。」然就實際言之。則例外之事物亦屬不少。最近之研究。知動物生活及植物生活間。固不能畫精密之界線也。

於植物之分類中。吾人更見有最深邃最自然之區別。所謂外長類植物內長類植物及頂生類植物是也。後者無眞正之花實、而唯自細胞組織成立。又其表皮上無細孔。前二者則頗多相似之點。彼等皆有眞正之花實、有木質之組織、且有有孔之表皮。故二類皆歸於脈管植物一大類之下。然外長類植物與內長類植物。亦互相區別。外長類植物、必有幹。而自木皮及木髓成立。又有集中之年輪。其葉有網脈。其種子生二葉及一裸根。且概言之。則其花之各部、乃二或五之乘數也。內長類植物則不然。無木皮木髓等之區別。無集中之年輪。其葉之脈絡互相平行。其種子僅一葉。且其根不裸。又其花之各部大抵皆三之乘數也。此等區別、乃最廣之類。謂之植物排列之自然系統。但此種原理。雖於植物之小類中。亦得見之。植物學家之事業在使無數植物皆得列於種、類、目、科之下、及許多居間之部中。如此。故凡各部中之植物其與同部植物之相似。必達最大限。其與異部植物之相似。必達最小限。如此、斯能達分類之目的。以使複雜化爲統一。且吾人苟知何性質屬於全類。而何性質屬於箇物。則得由一類中之一物、以知此類中之一切他物。且如赫胥黎之說。則一部之定義。必須能應用於此部中之一切物。而不能應用於他部中之一物。此分類時最要之條件也。然欲實行此條件。固非易易。以動植物之新種類居於已知之種類之間者。時有所發見。故如蕨之爲何類。常使植物學家苦於位置。以蕨無眞正之花實、且於他點多與頂生類植物相似。然以多木質組織故。故又當列之於脈管植物中。此乃更大之一類、而內長類與外長類植物皆其目也。

近世化學之進步。遽使之成一種分類之科學。就事實言之。則一切化合之理論。皆存於原質及化合物精密之分類也。蘇士哥於初等化學中所列數之金類。不下十一。而各類各有若干公共之性質。凡阿爾加里金類如鉀鈉鏭銣鋰等、皆構成一自然之類。此等皆柔而易鎔解。遇高溫度卽能揮發。遇養氣皆有極大之化合力在各溫度中皆能分解水。其所構成之酸化物易鎔於水中而成一種之苛性物其所成之炭酸鹽。亦能鎔解於水。又皆能與綠氣合而成一種化合物也。

至阿爾加里土質金類。如鈣鎴鋇等、亦爲自然之一類。其所成之炭酸鹽。不鎔解於純水。而惟鎔解於含炭酸之水中。至貴金類如黃金鉑等、皆不受淡養之影響。而唯鎔解於綠氣或合強水之混合液中。其酸化物但加以熱。得使還原云。

自然分類。示吾人以深邃之相似點、或深邃之關係。而使吾人得物之所以變化之知識。故爲眞正之科學所必要、而構成科學之間架者也。然此種分類、不必盡適於吾人之用。如吾人之宗旨在識一化學原質一植物或一動物之名。則自然系統中所標舉之性質。不能大有補於吾人。化學上之認識鉀也。非能得其原質、而試其分解水與否。惟從鉀之化合物中觀察其最著之特質而認識之。且離於燈光中所現之紫色。在分光鏡未發明以前久用以爲認識鉀之方法。故原質之人爲分類。亦分別物質時所不可缺。故化學上許多之書籍。往往從不緊要之性質、以排列原質。但其因實際上之便利故。不可忘也。

在植物學中。則分類之自然系統。亦不足由之以定一植物之名。以植物學上之類。但從種子之小部分之形式、及種子脈管之排列等定之。此皆不易攷察者也。故植物學家雖從自然系統。而分之爲種類。然常用人爲法、即從其最著之特質而區別之。邊沁之英國植物一書。其最著之例也。就實際言之。則林那之植物分類法。亦出於此旨。林那謂雌蕊雄蕊之數。常表植物實際之關係。故其所分之類。大抵皆自然之類。然所以選雌雄蕊爲分類之根據者。亦以其易於識別故也。

與分類作用密相關係者。抽象作用是也。所謂抽象者。謂使性質之爲一羣中之一切箇物所公共者、與各箇物之特質相區別是已。三角形之觀念。乃抽象之結果。以吾人不攷三角形特別之大小、及特別之形式、而但攷其爲三角形故也。一切分類。皆示抽象。以吾人搆成一類時。必分別公性與箇性故。故當吾人之抽象也。亦搆成一普徧之概念。即一念之包含許多事物者也。如所抽象之性質、爲一物之特性、但屬於此物、而不屬於他物。則吾人不能擴此觀念之範圍。斯賓塞爾所謂吾人有不概括之抽象。蓋謂此也。所謂概括者。謂吾人以所知於一類之部分者、推之於全類也。當吾人視一物之性質、不限於此物、而擴於他物。易言以明之、卽吾人視此物爲一類之一部分。此之謂概括。如吾人研究圓形之性質後。更進而研究橢圓形圓椎曲綫及拋物曲綫。始知圓形不過爲曲線中之一部。而圓形之某性質。亦當爲他種曲線所公共也。徽威爾更以事實之聯絡一語表此作用。卽當吾人發見二物有相同之性質、而在於一類也。吾人卽聯絡此二物。如預想一行星之繞日有一軌道。吾人卽聯絡此行星之各位置故以普徧之概念、攝散漫之事實者。謂之聯絡。徽氏又謂所用之概念。當(一)明晰、(二)適合。然此作用、果有異於自然分類之作用否。吾人之所疑問也。

第三十二章　學語之要件

搆造適當之言語。亦歸納的推理之一助也。夫精密之言語之大有造於科學。固不待論。以吾人研究一事物時。苟無言語以表此事物、及記此觀察。則其研究全歸無用故也。

夫言語之爲物。固明明有三種獨立之功用。

(一)爲交通之手段

(二)爲思想之器械的輔助

(三)爲記述及徵引之器具

言語之所以生。雖非必專爲第一作用。然大抵以此事爲主。今日野蠻部落之有言語。除交通外無他用。雖下等動物、亦以聲音或他自然之記號、爲交通之用。以成一種之言語。然其不能以概念推理。固不待論也。

某哲學家謂世無言語、即無推理之事。眞正之唯名論者。且謂世本無所謂普徧之概念也。一切科學及推理中之普徧者、皆普徧之名(共名)所構成。此說雖妄。然普徧之概念。苟非有言語以表之。則吾人決不能爲今日之思索。故言語之第二作用。決不可忽視。而精密之推理、與精密之用言語。固可視爲一事也。且言語之但用以輔助推理者。各語之意義、亦不必一定。蓋此際吾人之用言語。與代數學上之用天地人甲乙丙等記號、以表問題中之某量無異。然有當注意者。則決不可使一議論中一語之意義、與他議論中此語之意義相混是也。就事實上言之。則代數學亦供第二作用之最完全之言語。而使吾人以記號的或器械的方法解釋一問題者也。

言語之在今日既經數千萬年之發達。故能供此三種之作用。卽言語既有稍定之意義後。不但足爲思想之助。且足以交通吾人之思想。或記述之。今當進而論其第三作用。

科學上許多之事實。不能精密記於吾心。故記述吾人之所觀察者、亦行歸納時所不可缺也。唯記述之後。吾人之知識。始得貯藏之地。而後之研究者、有能知前人研究之結果之利益。故以學語記述事實之方法、與其必要之條件。不可不精密研究之也。

言語之爲記述之用者。明明有二必要之條件。

(一)精密 意義之一定

(二)完全

一語之不能使吾人知所記述之事實之性質者。非徒無用、且有害也。故精密之爲言語之要質。較豐富尤甚。吾人就一事實、苟無適當之名以表之。則不過或以多語委曲記述之。或舍之而不記述。尙不至生大誤也。然苟有名以表之。且僅有此一名。豈不更便。故下文當列論精密及完全之言語之要件也。

夫記述之事。固不能不斷所記述之事實與他事實之相似點。此說似創而實確也。吾人之記述一事物也、但與以一名。然則吾人何自而知此名之意義乎。如吾人以他名記述此名。則但與一義以多名耳。故欲知其意義。必不可但自其名而當自被此名之事物。如人之不知靑字之意義者。除徵諸物之使彼生靑色之感覺者。別無敎之之法。苟其人生而瞽目。則終不能靑之觀念矣。夫吾人固有許多言語、爲幼時所熟知、而不能言何時、及如何而知其意義者。然其必徵諸事物。則可斷也。故苟欲精密用之。必更返而徵諸自然中之事物。故吾人記述種種之靑色、如天靑靛靑等。又綠色亦區別爲海綠橄欖綠翡翠綠等。植物學家之記述葉之形式也。分爲卵葉朩葉線葉羽葉楯葉等。使人一見其名。而卽徵諸種種之事物。至記述一物之廣袤也。亦不能不與他物之廣袤相比較。一碼或一尺、苟非有眞度在、以相比較。則其語毫無意義。故言語之爲物。苟非有實際上之事物與之相合。則雖有與無等也。

學語之第一要件。則一切共名。必須有確實且可知之意義是也。夫單名或別名。固亦須如此。然此等名稱本自了了。尙不必如此攷察也。唯共名之爲物。有二種之意義。即有外延及內容二方面。故更不可不注意也。共名之內容雖有一定。然其外延則無限制。夫行星之名。苟限於金木水火土五星。而對新發明之行星、更以新名表之。則必陷於同物異名之謬。但吾人苟視行星爲一種之圓體、循橢圓之軌道以繞日者。則新發明之百餘星。皆得以此名呼之。機械之名、亦非專指今日所用之機械。苟專指今日所用者。則吾人當時時造一新名、以表新造之機械。其煩不待論矣。要之共名之已定者。乃其內容之意義、或被此名者所暗示之性質。故吾人下所用之共名之定義時。當以性質、而不當以其所表之事物。但定義之說。既見於前數章。故吾人此際、但當攷習用之語之勝於新造之名者安在也。

舊語之利益。存於其爲人人所知、而不必如學語之必新學其意義。人人知熱之爲熱。故熱學一語雖至不學之人。亦能解之。然亦有反對之者。謂此等舊語不免混淆之病。科學家之所謂熱。與他人之所謂熱異。自科學上言之、則一切物體必具多少之熱。至普通生活中則吾人不能謂氷雪爲含熱之物也。就事實言之。則熱者謂溫度之超乎中度、而全與寒之一語相對。且吾人又借用此語、以指一種之味覺。如謂胡椒爲熱是。又用之於精神現象。如謂熱心熱性等是也。如吾人爲避此混淆故、發明 Caloric之新語。則能精密其意義。然於科學之研究、頗多所阻礙。以吾人必須多學學語故也。

此種難點。殊以經濟學爲尤多。吾人於此學中實處理熟知之觀念。如財產貨幣價值銀根資本勞力貿易等。但其熟知之處。卽其困難之處。以相異之人、各以相異之意義。附諸此等語。而無限之爭論。由是起矣。著書者雖詳定其用語之意義。然讀者未必能記之。不然。唯有全造新語之一法。然又多數之讀者所不許也。其唯一之解宂法。在用已承認之新名。以易混淆之舊名。然此種新名固絕無僅有者也。

完全之學語。自記述學語及名物學語二者成立。

記述學語。如徽威爾之說。乃一切名辭、所用以記述吾人所觀察之事物或現象者。如是吾人所觀察者始得永遠不忘也。蓋一切性質形狀境遇程度分量等。必須各有適當之名以表之。如吾人發見一新鑛物。而記述之也、必以言語紀其結晶之形式、與其色彩硬度比重臭味及他性質之重要者。近世植物學。實自林那始以名辭之系統、詳述植物之各部分及各性質、故植物學上之言語。實科學學語完全之標本也。然在地質學。則不易發見精密之名辭。地質學上之名。如元武巖片麻巖花岡石等。其意皆甚廣莫。而並無精密之記述學語以區別之。夫性質之不能言其程度或分量者。但可呼以一名。否則必求度量之及記述之之法。度量器具之發明。實科學上最大之進步。如法倫之造寒暑表。與侯勒之造振子時辰表。雖謂之開科學上之新紀元。亦無不可也。

其在他方面。則一科學必須有一科學之名物學語。其在鑛物學。則各鑛物之名、如赭石黃玉等構成一種之名物學語。其在化學。則各原質及各無機有機化合物之名皆是。其在天文學。則行星衛星星雲星座及各星之名、構成此學之名物學語。然決非完全且便利也。地質學亦然。

由此觀之。則名物學語之普徧之程度。實至不一。自箇物之名、經種而達最高之類。無不有之。在天文學。吾人以處置箇物之名爲主。而少爲分類之事。至在植物學及動物學。則鮮用箇物之名。而許多箇物其許多之性質互相似者。構成一種之自然類。約翰穆勒以自然類一語、示一類以許多性質與他類相區別者。而此種性質之爲一類之根據者。不過爲無限之他性質之索引耳。

從穆勒之用語。則彼所謂名物學語者。但指吾人所想像之種之名。彼謂名物學語乃一切種類之集名。更精密言之。則謂最低之種類、卽博物學上之所謂種者是。然今日之博物學家。已棄置昔日種之不變之觀念。昔日所視爲種者。今往往得分之爲次種或屬、或屬中之屬。而從達爾文進化論之原理。則其分析至無紀極也。故視自然界之動植物。若以無限之次序排列之。而吾人所加於各次序之名。皆屬於名物學語。其說

似更爲有理也

且人爲的共名、自歸納及研究得之者。穆勒亦不置諸名物學語中。故彼謂於記述學語及名物學語外。更有一種之言語。以指吾人比較事實時所得公共之性質。而名之表人爲的分類者亦屬之。如圓周界限能率文化表象等語是也。故名物學語、包含自然種類之名。而此種言語、則包含人爲觀念或人爲種類之名者也。

穆勒對學語之見解。此章中不易詳述之。然此書中不容有未決之問題。故讀者之欲進而研究此事者。當參攷穆勒辨學系統第四卷之第四第六二章。此二章乃論學語之要件者也。

辨學終

辨學刊誤表

頁數	行數	誤	正
目錄一	十四	及直接推理	及直接推論
目錄二	九	限制推理式	限制的論證
十三	二	可知辨學全體	可知辨學全體
十九	十二	Coucept	Concept
二〇	二	Aproposition	a proposition
二〇	二	Adeduction	a deduction
二〇	二	Aninduction	an induction
二〇	二	Asylogism	a sylogism
二一	一一	吾人不離更發見之也	吾人不難更發見之也
二三	一二	吾入用之於物之失 其所能有之性質者	吾人用之於物之失 其所能有之性質者
二三	二	其呈有思想中也	其呈於思想中也
二三	七	不必有他觀物件之	不必有他觀念件之

頁	行	誤	正
二三	一三	相對名辭	絕對名辭
二五	八	無功績也「	無功績也」
二六	十一	驚驗	驚駭
二八	二	第一類淆亂	第一類之淆亂
三〇	一	予盾之意義	矛盾之意義
三〇	六	則又爲最親變之稱	則又爲最親愛之稱
三二	七	名辭之二種之意義其外延與內容	名辭二種之意義——外延與內容
三九	二	及辨學家之極有益極緊要之事業也	乃辨學家之極有益極緊要之事業也
三九	六	卽其外延滅	卽其外延減
四〇	三	Creck Character	Greek character
四〇	三	Arabic chardeter	Arabic character
四〇	一三	亦於與隧同用者	亦有與隧同用者
四一	一	圓錐曲線曲線三稜體	圓錐曲線三稜體
四二	十一	Chaneellor	Chancellor

辨學刊誤表

頁	行	誤	正
五四	三	前旣視爲表理會之作用	前旣視爲表了解之作用
五五	九	離言命題	選言命題
五六	八	哺乳動物	哺乳動物
六一	十一	不可不特別注意之	不可不特別注意之」
六九	三	而不必叟證E之眞實也	而不必更證E之眞實也
七六	九	小注 第十四章	第十三章
一一五	一	大前提、中實未嘗分配。故有此虛妄也。	大前提中、實未嘗分配。故有此虛妄也。
一一七	九	第十六章	第十五章
一七九	五	然此使名學之系統	然此使辨學之系統
二〇〇	十二	幾何學上及數學上之歸納法類推及範例	幾何學上及數學上之歸納法——類推及範例
二〇七	十二	夫二等三角形之數	夫二等邊三角形之數
二一〇	九	X2+X+41	X^2+X+41
二三〇	二	實遠過於吸力也	實遠過於吸力也」
二五〇	十二	故吾人不知養氣之漂白之原因	故吾人不知養氣之爲漂白之原因

二五二	二	其勢力愈弱	其勢力愈烈
二六一	一三	附性	副性
二六二	一	附性	副性
二六九	四	則終不能青之觀念矣	則終不能得青之觀念矣
二六九	七	海緣	海綠

辨學學語中西對照表

思想之法則	The laws of thought
名辭	Term
命題	Propositiou
推理式	Sylogism
簡單了解	Simple Apprehension
判斷	Judgment
概念	General notion or Concept
推理	Reasoning or Discorse
方法	Method
自用語	Categorematic Word
帶用語	Syncategorematic Word
單純名辭	Singular term
普偏名辭	General term

集合名辭 Collective term
分配名辭 Distributive term
具體名辭 Concrete term
抽象名辭 Abstract term
積極名辭 Pasitive term
消極名辭 Negative term
反對 Opposite
矛盾 Contradictories
剝奪名辭 Privative term
相對名辭 Relative term
絕對名辭 Absolute term
單義名辭 Univocal term
多義名辭 Equivocal term
聯想 Association of idea

類推	Analogy
外延	Extention
內容	Intention
概括	Generalization
分析	Specialization
區別	Dsynonymization
分化	Differentiation
譬喻	Metaphor
暗昧	Obscure
明瞭	Clear
淆亂	Confused
剖析	Distinct
完備	Adequate
不完備	Inadequate

直觀的　Intuitive
記號的　Symbolical
主語　Subject
賓語　Predicate
性質　Quality
分量　Quantity
肯定命題　Affirmative Proposition
否定命題　Negative 〃
普徧命題　Universal 〃
特別命題　Particular 〃
單純命題　Singular 〃
不定命題　Indefinite 〃
專指命題　Exclusive 〃
例外命題　Exceptive 〃

明示命題	Explicative 〃
擴張命題	Ampliative 〃
同一命題	Tautologous or Truistic 〃
純粹命題	Pure 〃
形狀命題	Modal 〃
次反對	Subcontraries
從屬	Subalterns
轉換	Conversion
直接推理	Immediate Inference
推論	Inference
限制之轉換	Conversion by Limitation
單純之轉換	Simple Conversion
否定之轉換	Conversion by Negation
對峙之轉換	Conversion by Contraposition

由反語之直接推理	Immediate inference by Privative Conception
由加語之直接推理	〃 by added determinant
由複語之直接推理	〃 by Complex Conception
賓性語	Predicables
區分	Division
定義	Definition
類	Genus
種	Species
副性	Property
偶性	Accident
差別	Difference
同一之法則	Law of Ideutity
矛盾之法則	Law of Contradiction
不容中立之法則	Law of Excluded Middle

律令	Canon
前提	Premise
大名辭	Major term
小名辭	Minor 〃
中名辭	Middle 〃
大前提	Major Premise
小前提	Minor 〃
結論	Conclusion
二段論法	Enthymens
前推理式	Prosylogism
後推理式	Episylogism
暗證	Epichirema
渾證	Sorites
假言的	Hypothetical

選言的	Desjunctive
雙管齊下法	Dilemına
辨學上之虛妄	Logical fallacy
實質上之虛妄	Material fallacy
半辨學的虛妄	Semi-logical fallacy
四名辭之虛妄	Fallacy of four term
中名辭不分配之虛妄	Fallacy of undistributed middle
大名辭或小名辭泛濫之虛妄	〃 of illicit proeess
否定的前提之虛妄	〃 of negative premises
名辭混淆之虛妄	Fallacy of Equivocation
句法混淆之虛妄	〃 of Amphibology
綜合之虛妄	〃 of Composition
區分之虛妄	〃 of Division
讀法之虛妄	〃 of Accent

詞類之虛妄 〃 of Figure of Speech
偶然性之虛妄 Fallacy of Accident
偶然性之反對的虛妄 Converse Fallacy of Accident
不相應之結論 Irrelevant Conclusion
循環之證明 Petitio Principii
結果之虛妄 Fallacy of Consequent
原因之虛妄 False Cause
許多問題之虛妄 Fallacy cf Many Questions
複數命題 Plurative Propcsition
發明法 Method of Discovery
教訓法 〃 of Instruction
分析法 〃 of Analysis
綜合法 〃 of Synthesis
歸納法 〃 of Induction

演繹法	〃 of Deduction
先天的	A priori
後天的	A posteriori
轉運法	Traduction
自然統一之原理	Principle of Uniformity of Nature
經驗	Experience
觀察	Observation
實驗	Experiment
符合法	Method of Agreement
差別法	〃 of Difference
符合及差別之聯合法	Joint method of Agreement and Difference
相伴變化之方法	Method of Concomitant Variation
餘剩之方法	〃 of Rusidues
結合法或完全法	Combined or Complete Method

說明 Explanation

傾向 Tendency

假說 Hypothesis

理論 Theory

事實 Fact

分類 Classification

抽象 Abstraction

記述學語 Descriptive Terminology

名物學語 Nomenclature

光緒三十四年十月出版

（定價銀元四角）

原著者　英國隨文

譯者　王國維

印刷者　益森印刷局

總發行所　京師五道廟售書處

崇文学术文库·西方哲学

1. 靳希平　吴增定　十九世纪德国非主流哲学——现象学史前史札记
2. 倪梁康　现象学的始基：胡塞尔《逻辑研究》释要（内外编）
3. 陈荣华　海德格尔《存有与时间》阐释
4. 张尧均　隐喻的身体：梅洛－庞蒂身体现象学研究（修订版）
5. 龚卓军　身体部署：梅洛－庞蒂与现象学之后
6. 游淙祺　胡塞尔的现象学心理学[待出]
7. 刘国英　法国现象学的踪迹：从萨特到德里达[待出]
8. 方红庆　先验论证研究[待出]

崇文学术文库·中国哲学

1. 马积高　荀学源流
2. 康中乾　魏晋玄学史
3. 蔡仲德　《礼记·乐记》《声无哀乐论》注译与研究
4. 冯耀明　"超越内在"的迷思：从分析哲学观点看当代新儒学
5. 白　奚　稷下学研究：中国古代的思想自由与百家争鸣
6. 马积高　宋明理学与文学
7. 陈志强　晚明王学原恶论[待出]
8. 郑家栋　现代新儒学概论（修订版）[待出]

崇文学术·逻辑

1.1 章士钊　逻辑指要
1.2 金岳霖　逻辑[待出]
1.3 傅汎际 译义，李之藻 达辞：名理探[待出]
1.4〔英〕耶方斯 著，王国维 译：辨学
1.5 亚里士多德 著：工具论（五篇 英文）
2.1 刘培育　中国名辩学[待出]
2.2 胡　适　先秦名学史（英文）[待出]
2.3 梁启超　墨经校释
2.4 陈　柱　公孙龙子集解
3.1 窥　基　因明入正理论疏（金陵本）[待出]

崇文学术译丛·西方哲学

1.〔英〕W. T. 斯退士 著，鲍训吾 译：黑格尔哲学
2.〔法〕笛卡尔 著，关文运 译：哲学原理 方法论
3.〔德〕康德 著，关文运 译：实践理性批判
4.〔英〕休谟 著，周晓亮 译：人类理智研究 [待出]
5.〔英〕休谟 著，周晓亮 译：道德原理研究 [待出]
6.〔美〕迈克尔·哥文 著，周建漳 译：于思之际，何所发生 [待出]
7.〔美〕迈克尔·哥文 著，周建漳 译：真理与存在 [待出]

崇文学术译丛·语言与文字

1.〔法〕梅耶 著，岑麒祥 译：历史语言学中的比较方法
2.〔美〕萨克斯 著，康慨 译：伟大的字母 [待出]
3.〔法〕托里 著，曹莉 译：字母的科学与艺术 [待出]

中国古代哲学典籍丛刊

1.〔明〕王肯堂 证义，倪梁康、许伟 校证：成唯识论证义
2.〔唐〕杨倞 注，〔日〕久保爱 增注，张觉 校证：荀子增注 [待出]
3.〔清〕郭庆藩 撰，黄钊 著：清本《庄子》校训析
4. 张纯一 著：墨子集解

徐梵澄著译选集

1. 尼采自传（德译汉）
2. 薄伽梵歌（梵译汉）
3. 玄理参同（英译汉并疏解）
4. 陆王学述
5. 老子臆解
6. 孙波：徐梵澄传（修订版）

出品：崇文书局人文学术编辑部
联系：027-87679738，mwh902@163.com

我思®
敢于运用你的理智

唯识学丛书

01. 周叔迦　唯识研究
02. 唐大圆　唯识方便谈
03. 慈　航　成唯识论讲话
04. 法　舫　唯识史观及其哲学
05. 吕澂唯识论著集
06. 王恩洋唯识论著集
07. 梅光羲唯识论著集
08. 韩清净唯识论著集
09. 王恩洋　摄论疏
10. 王恩洋、周叔迦　唯识二十论注疏（二种）
11. 王恩洋、周叔迦　因明入正理论释（二种）
12. 无著、世亲等　唯识基本论典合集
13. 太虚、欧阳竟无等　唯识义理论争集
14. 王夫之、废名等　诸家论唯识
15. 熊十力等　新唯识论（批评本）
16. 太虚唯识论著精选集
17. 唯识所依经三种合刊（藏要本影印）
18. 唯识十支论·无著卷（藏要本影印）
19. 唯识十支论·世亲卷（藏要本影印）
20. 成唯识论（藏要本影印）
21. 田光烈唯识论著集
22. 欧阳竟无　唯识讲义
23. 罗时宪　唯识方隅
24. 倪梁康　八识规矩颂注译（二种）
25. 杨廷福　玄奘年谱
26. 金陵刻经处大事记长编（1864—1952）

禅解儒道丛书

1. 憨　山　老子道德经解
2. 憨　山　庄子内篇注
3. 蕅　益　四书蕅益解
4. 蕅　益　周易禅解
5. 章太炎　齐物论释
6. 马一浮　老子注
7. 杨仁山　经典发隐
8. 欧阳渐　孔学杂著

西方哲学经典影印

01. 第尔斯（Diels）、克兰茨（Kranz）：前苏格拉底哲学家残篇（希德）
02. 弗里曼（Freeman）英译：前苏格拉底哲学家残篇
03. 柏奈特（Burnet）：早期希腊哲学（英文）
04. 策勒（Zeller）：古希腊哲学史纲（德文）
05. 柏拉图：游叙弗伦 申辩 克力同 斐多（希英），福勒（Fowler）英译
06. 柏拉图：理想国（希英），肖里（Shorey）英译
07. 亚里士多德：形而上学，罗斯（Ross）英译
08. 亚里士多德：尼各马可伦理学，罗斯（Ross）英译
09. 笛卡尔：第一哲学沉思集（法文），Adam et Tannery 编
10. 康德：纯粹理性批判（德文迈纳版），Schmidt 编
11. 康德：实践理性批判（德文迈纳版），Vorländer 编
12. 康德：判断力批判（德文迈纳版），Vorländer 编
13. 黑格尔：精神现象学（德文迈纳版），Hoffmeister 编
14. 黑格尔：哲学全书纲要（德文迈纳版），Lasson 编
15. 康德：纯粹理性批判，斯密（Smith）英译
16. 弗雷格：算术基础（德英），奥斯汀（Austin）英译
17. 罗素：数理哲学导论（英文）
18. 维特根斯坦：逻辑哲学论（德英），奥格登（Ogden）英译
19. 胡塞尔：纯粹现象学通论（德文1922年版）
20. 罗素：西方哲学史（英文）
21. 休谟：人性论（英文），Selby-Bigge 编
22. 康德：纯粹理性批判（德文科学院版）
23. 康德：实践理性批判 判断力批判（德文科学院版）
24. 梅洛-庞蒂：知觉现象学（法文）

西方科学经典影印

1. 欧几里得：几何原本，希思（Heath）英译
2. 阿基米德全集，希思（Heath）英译
3. 阿波罗尼奥斯：圆锥曲线论，希思（Heath）英译
4. 牛顿：自然哲学的数学原理，莫特（Motte）、卡加里（Cajori）英译
5. 爱因斯坦：狭义与广义相对论浅说（德英），罗森（Lawson）英译
6. 希尔伯特：几何基础 数学问题（德英），汤森德（Townsend）、纽苏（Newson）英译
7. 克莱因（Klein）：高观点下的初等数学：算术 代数 分析 几何，赫德里克（Hedrick）、诺布尔（Noble）英译

古典语言丛书（影印版）

1. 麦克唐奈（Macdonell）：学生梵语语法
2. 迪罗塞乐（Duroiselle）：实用巴利语语法
3. 艾伦（Allen）、格里诺（Greenough）：拉丁语语法新编
4. 威廉斯（Williams）：梵英大词典
5. 刘易斯（Lewis）、肖特（Short）：拉英大词典